国家出版基金项目

瑶族古歌

莫纪德　主编

Gvangjsih Minzcuz Cuzbanjse
广西民族出版社

图书在版编目(CIP)数据

瑶族古歌. 恭城卷/莫纪德主编. —南宁：广西民族出版社，2019.12
ISBN 978-7-5363-7337-2

Ⅰ.①瑶… Ⅱ.①莫… Ⅲ.①瑶族-民歌-作品集-恭城瑶族自治县 Ⅳ.①I277.295.1

中国版本图书馆 CIP 数据核字（2019）第 269777 号

国家出版基金项目

YAOZUGUGE GONGCHENGJUAN

瑶族古歌·恭城卷

（上、下卷）

莫纪德 主编

出版发行 广西民族出版社
地址：广西南宁市青秀区桂春路 3 号 邮编：530028
电话：0771-5523216 传真：0771-5523225
电子邮箱：bws@gxmzbook.com
出 版 人 石朝雄
责任编辑 黄 丹 黄迎春
装帧设计 何世春
责任校对 郑季銮 翟芳婷
责任印制 梁海彪 刘文峰
印　　刷 广西民族印刷包装集团有限公司
规　　格 890 毫米×1240 毫米 1/32
印　　张 25.75
字　　数 600 千字
版　　次 2019 年 12 月第 1 版
印　　次 2019 年 12 月第 1 次印刷
书　　号 ISBN 978-7-5363-7337-2
定　　价 188.00 元（上、下卷）

序

彭祖意

恭城瑶族自治县地处广西壮族自治区东北部、桂林市西南部，东北与湖南省江永县交界，地理位置特殊。全县总面积 2149 平方公里，其中山地、丘陵占全县面积的 75.8%。东、西、北三面环山，北部为都庞岭，西部为海洋山，东部为萌渚岭之花山。茶江、势江、澄江（西江）三条主河汇入府河（平乐河），形成独特的地理风貌。

恭城于隋大业十四年（618 年）建县，至今已有 1400 多年历史。1990 年经国务院批准成立瑶族自治县，现辖 5 个镇 4 个乡 117 个村委会。全县世居瑶、壮、汉三个民族，其中瑶族约占全县 30 万人口的 60%。

恭城的瑶族历唐、宋、元、明、清五朝，期间陆续从湖南、广东、江西等省迁入县境，形成一支较为庞大的族群。平地瑶主要聚居于栗木镇和观音乡，过山瑶主要分布在莲花、三江、嘉会、西岭等乡镇，形成“无处不有瑶”的分布状况。

瑶族，特别是过山瑶被称为迁徙民族，具有独特的宗教信仰、五彩斑斓的服饰、多种语言的融合、异彩纷呈的风俗。瑶族有本民族语言，但没有本民族通用文字，故而在数千年的历史长河中形成了独具一格的歌文化，他们用歌记述历史，用歌传播生产生活经验，

用歌表达友情爱情。瑶族古歌是祖国文化遗产的一部分，是研究瑶族历史文化的宝贵资料。

恭城瑶族研究学会的莫纪德先生主编的《瑶族古歌·恭城卷》，分为历史歌、婚姻歌、孝堂歌、阳春歌、礼仪歌、闲杂歌、风流歌和稚童歌 8 个部分，共 5800 多首，虽不是瑶族古歌的全部，但具有民族性、地域性和风格性。《瑶族古歌·恭城卷》是恭城瑶族研究学会挖掘、整理瑶族古籍文化的一大成果，对于传承瑶族优秀文化，推进瑶学研究具有一定的现实意义，故作此序，以表达我对故土的情怀。

2019 年 4 月 5 日于恭城

（彭祖意，恭城人，原任广西壮族自治区政法委书记、全国人大常委会常务委员，退休后居南宁）

《瑶族古歌·恭城卷》序①

莫道才

《尚书·舜典》云："诗言志，歌咏言，声依咏，律和声。"中国诗歌从产生之日起就与音乐有天然的联系，所以，汉语"诗歌"合称。诗是诗与歌的结合，古代称为"歌诗"。作为文化大传统层面的文学经典的诗歌如《诗经》《楚辞》原本就与民间的诗歌有密切的联系。大传统与小传统本身并不是天然分离的，而是可以互相转换的。没有古代官方或有志者对于民间歌谣的搜集整理，我们不会读到作为中国文化主流的大传统的经典代表的《诗经》《楚辞》，还有郭茂倩编撰的《乐府诗集》里的大量民间歌咏之作。这些作品最终汇入了中国文学的洪流，并且对后代的文学产生了深远的影响。因此，搜集民歌是文化保护的重要工程。

恭城瑶族自治县地处桂北，多个民族交汇文化底蕴深厚，是汉族与壮、瑶等少数民族杂居的地方，是民歌文化的宝库。恭城瑶族自治县是古代民族文化资源的沉淀池，瑶族文化资源尤其丰富。莫

①2017年元月，恭城瑶族研究学会组成瑶族传统民歌征集组，由莫纪德、莫模林、蒋礼发、杨才明、田明月、赵元强、黄连芳、黄宝川、谢朝登等同志担任采集员，于观音、栗木、西岭、莲花、三江等乡镇采集瑶族民间传统歌词。至2018年7月，共收集民歌9000多首。经整理，选用5800多首，编成《瑶族古歌·恭城卷》一书初稿，并交由广西民族出版社出版。广西师范大学教授莫道才（本会顾问）得知消息后，欣然为该书写序，在此致谢！

纪德先生长期坚守在民族研究的基层，恭城就是他采集民族文化资源的工作田野。他一直生活在恭城，对这里的一山一水一草一木有深厚的感情，几乎走遍了恭城的每一个村寨。他熟悉这里的风土人情，多年来一直坚持搜集各种民间文化资料，对民间歌谣、民间祭祀唱本进行整理。他搜集整理过瑶族的史诗性画本《梅山图》。现在出版的是他长期搜集整理的恭城瑶族的民间唱诗，他与我商量后决定命名为《瑶族古歌·恭城卷》。这本经他搜集整理的民间歌谣唱词，对于研究岭南的民族民间歌谣、民间流传的史诗，对于了解瑶族文化有重要的价值。对于研究者来说，这是重要的参考资料，为深入研究岭南瑶族文化提供了重要的样本。在整理中，他恪守文化人类学的学术规范，对采集的歌谣标注了各种采集信息，原原本本地保留了歌谣的句式、唱法的特点，给研究者提供了方便。

我相信，这本提供了丰富内容的岭南瑶族歌谣文本一定会给学术界带来重要的学术新资源，成为研究岭南瑶族歌谣的重要文本，必将推动民族文化的研究与保护工作。

（莫道才，恭城人，广西师范大学中国优秀传统文化传承中心主任，广西师范大学文学院教授、博士生导师。）

自序

恭城地处广西东北部，为桂林市唯一的瑶族自治县。自隋大业十四年（618年）建县后，周姓“六弘”（弘利、弘明、弘怜、弘意、弘德、弘颂）后裔于唐代先后从湖广迁入恭城。元大德九年（1305年）之后，至明清，又有过山瑶陆续从湘、赣、粤等省迁入。清乾隆至道光年间，湖南保庆府人先后迁徙至县东的花山，县西的海洋山及县北的都庞岭边缘，形成“无山不有瑶、无瑶不有保庆人”的落居局面。清咸丰至同治年间，东乡（今恭城莲花镇、三江乡）部分过山瑶还迁到了交趾（今越南）的万言山。今恭城辖恭城、莲花、栗木、嘉会、西岭5个镇，平安、三江、观音、龙虎4个乡，计117个村民委员会。在瑶、壮、汉三个世居民族中，瑶族人口最多，占全县30万人口的60%。

瑶族在原始部落时期属九黎中的一个支系，在涿鹿之战失败以后成为东夷。春秋后期因“午商庚子出盘王”（出自《梅山图》序歌）而举族南迁，成为南方少数民族之一。秦汉以后，在与历代封建王朝的抗争中，瑶族不断迁移，形成“南岭无山不有瑶”的散居局面。这种迁移与分散，促使瑶族形成支系多、称谓多、方言多的状况。瑶族是一个勤劳、坚毅而智慧的民族，在长期的社会生活实践中，充分发掘本民族的语言特长，形成了自己独特的语言文化——“歌言”，即以歌代言。

瑶族人爱唱歌，歌可分成两个部分。第一部分是曲调，在不同的区域和场合，使用不同的曲调，故而形成其特性：一是普同性。恭城人以桂柳话为地方交际语，当与非本民族对歌时则用桂柳话唱桂柳歌（腔）。二是地域性。恭城古分东、西、北三乡，人们很少跨地域交流，即使同属一乡，仍有差别。例如下东乡（今莲花镇、三江乡）有两条河，清初设立保甲制后，人们习惯将南坪江流域称为（南坪江）九甲（壮族聚居区），将势江流域（含今三江乡）称为（势江）八甲（瑶族聚居区），由此而演变成不同风格的九甲歌和八甲歌。三是族群性。恭城人主要来自湘、赣、粤、闽等省，即使同一省份仍各具特点。保庆人于清代中期自湖南省保庆府新化、安化、祁阳和邵阳四县迁入恭城，现仍使用保庆话唱保庆歌，有自己独特的风格和韵味。四是场域性。瑶族人唱歌按场域使用不同的曲调，如新娘出嫁要唱新娘歌，男子娶亲要唱贺郎歌，老人去世要唱孝堂歌。平地瑶在宗祠举行“五冬洪门良愿”，要根据不同的神唱不同的调。第二部分是歌词，俗称歌言。歌词的句式主要为七言四句式，少量为七言六句式。较特殊的是挖地歌，每首一般为五句，且字数多少不等。例如：“十八哥哥少年乖，说什么十里青山九里茅坪路难来。我姐住在江西罗阳县，两边搭起桂花台，打开八字衙门等郎来。”歌词讲究押韵，第一句（最后一字）为启韵，第二句为承韵，第三句为转韵，第四句为合韵，即“启、承、转、合”。声律方面基本讲究平仄，除第三句用仄声外，其余多用平声，特别是第四句即使不能押韵，音调也须符合声律。

瑶歌歌词修辞方式的主要特点是惯用比兴。所谓“比”，就是比喻，明喻、暗喻、借喻常间杂使用，使歌词内涵更为丰富，更有韵味。如“山歌好唱难起头，木匠难起八角楼；瓦匠难烧琉璃瓦，铁匠难打钓鱼钩”，就连用了三个比喻来说山歌起头难。所谓“兴”，就是起兴，有借物、借事、借（字）音起兴等多种手法。如“梨了开花把子长，妹仔大了要离娘；妹仔大了要出嫁，嫁给阿哥把家当”，属借物起兴，然后承韵再合韵，后三句与“梨花”无多少关联。又如“晌午边，晌午日头在中间；人到三十无个嫂，骑马画圈好难圆”，既有借物（太阳）起兴，也有借音（边）起兴，还有隐（借）喻的修辞手法。尤值一提的是莲花镇八甲歌，常用三个字起句，俗称“三字头”，多属借音起兴。除比兴修辞之外，瑶歌还具借代、夸张、双关、拈连、映衬、反复、回环等多种修辞方法，显示出丰富的歌词内涵和艺术风采。

说到歌，人们常用民歌、山歌以名之。民歌，指民间的歌，老百姓的歌。如果作为自称，似乎并不妥当。另外，民歌还有民族歌之意，如壮族歌、瑶族歌等。“民族”一词属外来词，民国初年才洋为中用。恭城民间是在中华人民共和国成立以后才知道“民族”一词，此前民间所说的“族”，指的是姓氏宗族。山歌，实指在山上或野外唱的歌，而瑶族群体性唱的歌，多在室内，如三江伸家一带的坐堂歌和夜堂歌，这“堂”指的是堂屋或厅堂。新编《瑶族古歌·恭城卷》因所搜集的是流传于瑶族民间的老歌，故名之。

《瑶族古歌·恭城卷》主要采集于恭城瑶族自治县的三江、莲花、观音、栗木、西岭瑶族地区，共搜集歌曲近6000首，根据内容和歌唱的场合，分为历史歌、婚姻歌、孝堂歌、阳春歌、礼仪歌、闲杂歌、风流歌、稚童歌，共八章。历史歌也叫历史故事歌，主要采集于各地区的瑶族古歌文本，是根据历史故事编成的歌，有《伏羲兄妹歌》《盘王歌》《送梅山歌章》《周渭歌》等项。婚姻歌包含两项：一是出嫁歌，也称新娘歌、媳妇娘歌，在新娘出嫁前一晚歌唱；二是贺郎歌，也叫新郎歌，在娶亲当晚歌唱。风流歌也就是山歌，是在山野唱的歌，在恭城还有野歌、骚歌之称。至于爱情歌，属文人杜撰，至今恭城的民间歌手们仍很少提及。但这种风流歌起兴自然，比拟形象，使人闻之有趣，笑而捧腹，故经久不衰。在八类瑶歌中，风流歌收集的数量最多，约 2500 首。阳春歌即生产劳动歌，瑶族民间管商业叫“做生意”，搞农业生产叫“做阳春”。阳春歌主要收集的是挖地歌，该歌由保庆人传入，也称为《打锣歌》《打鼓歌》《呜呀歌》《大山歌》。孝堂歌也叫哭孝歌，简称孝歌，主要流行于山区保庆人中。各地孝堂歌由口耳相传到文字记录，故各地版本略有差异。礼仪歌歌词虽不多，但内容较多，反映了瑶族在不同场景下的部分礼仪。闲杂歌收录不便归类的歌，有时也可在其他场合选用。稚童歌亦称儿歌、童谣，无固定格式，也无曲调，大人在哄婴孩时所唱或儿童之间相互诵唱，具有一定的风趣。编者唯恐这些歌曲失传，故将其收入歌集。

《瑶族古歌·恭城卷》是历史的记忆，是瑶族古籍内容之一，对于瑶族历史文化研究具有一定的史料价值。盘瑶是瑶族的一个支系，下分过山瑶和平地瑶，虽语言不同，风俗各异，但却有信仰的纽带将她们联结起来。一是敬奉盘王，有平地瑶的《苟王出世歌》和过山瑶的《朝踏祖公出世歌》作证。歌词记录了盘瓠（也称盘护）原为龙犬，义揭皇榜，巧杀高王，被招为驸马，而后由犬变人，隐居南疆，最后因打猎跌入山崖，子孙打羊做鼓，击鼓悼念的情节。

二是崇拜梅山，现湖南中部的新化县、安化县为中心的地域，旧称梅山，曾是瑶族祖居地之一。从秦汉至北宋，部分瑶族先民曾在这里生息了约千年。北宋熙宁六年（1073年）章惇“开梅山”以后，瑶族人才离开这里。瑶族人向往梅山，怀念梅山。老人去世时，师公要做道场，认为这样可将亡者灵魂送往梅山或桃源洞安息。平地瑶的《送梅山十洞歌章》，过山瑶的《送梅山十二洞歌》等就是例证。虽然歌词内容有封建迷信的成分，但梅山的确是盘瑶的精神家园。

《瑶族古歌·恭城卷》是瑶族文化遗产的一部分，蕴藏着丰富的民情风俗。其中就有生产风俗、饮食风俗、丧葬风俗、婚姻风俗、信仰风俗等内容。以油茶为例，这是流传千年的瑶家饮食风俗。各户一日两餐打油茶，招待客人打油茶，古往今来、岁岁朝朝皆如此，遗憾的是史志却无记载。在观音乡收集到的《唐十仙娘歌》却有记录：唐十娘长到17岁时，父母找媒婆说亲，许给李秀才。李家人带着盐茶去提亲，唐十娘亲自打油茶招待客人。歌中唱道：“茶锅煎出乌鸦眼，槌头点出牡丹花；十指琉璃托茶盏，盏盏托出待仙家。”这一记载是弥足珍贵的，表明平地瑶在数百年前就有用茶锅打油茶的历史。《唐十仙娘歌》记载的婚俗，至今流传下来的已不多。在平地瑶地区，当男方到女家提亲时，仍以盐茶为礼，女青年依然要打油茶待客。对于这一提亲过程，俗语叫作“过茶”。

瑶族的歌，历经数千年传唱，同样经久成俗。三江乡伸家一带，凡结婚、做寿、贺屋、贺（花）炮等，只要主家有条件，都要唱歌，俗称夜歌堂、坐歌堂。主人根据客人性别，邀请两三名男歌师或女歌师做主唱，并形成一套模式，经“一邀二请”后对方才接歌对唱。其间，还有贺主歌、油茶歌、夜宵歌、谢主歌，天亮后再辞歌送行。西岭镇新合村瑶族的“巴聋（唱歌）”，是在办喜酒或春节期间，为招待外村外姓特别是阳朔县福利镇龙尾村的瑶族客人而进行的，同时解决了住宿不便问题。

中华人民共和国成立以后，特别是1958年至1982年间，自由吟唱的闲歌和山歌相对减少，各地民间歌师也屈指可数。保庆人的《打锣挖地歌》是一种集挖地与娱乐相结合的劳动歌，曾对山区粮食生产和林业开发起到一定的推动作用。1986年以后，在观音乡的观音村和栗木镇的泉会村曾举行过几次“打锣挖地”。特别是泉会村，在1998年冬月还举办过一次，到目前为止这也是最后一次。当年的打锣歌师陈远辉，如今八十有余，《打锣歌》如无传承，也将面临消失。2010年以后，民歌文化复兴热潮逐渐掀起，各类歌堂热火朝天，以老带少的局面渐次形成。2016年以后，三江乡、

西岭镇、栗木镇、莲花镇等瑶族地区还利用网络，先后建立QQ群或微信群来学习、交流、传唱民歌。尤其是三江乡，在2017年以后，建立了20多个群，其中“伸家垌山歌文化交流群”有1058人加入，网友布及富川、钟山、金秀等地。

《瑶族古歌·恭城卷》的结集出版，意义在于其收录了恭城各瑶族聚居区各类别的古歌，有利于瑶歌文化的传承。一般来说，各地的歌师和歌手都受到地域的局限，对全县各地的歌，可能知其一不知其二。本书所记瑶歌用当地语言讲唱，多借汉音表达，会有音、义与汉字不同的情况。翻阅本书，可以使你开阔视野，收获知识。对于有兴趣的新手来说，事半功倍，快速成长为歌坛新秀。《瑶族古歌·恭城卷》对于传承瑶族优秀传统文化亦具一定的意义。在此，谨将《瑶族古歌·恭城卷》献给我们的瑶族同胞和文化同仁，向恭城瑶族自治县成立三十周年献礼！

莫纪德

2018年5月18日

说明

一、本书歌词主要采集于恭城境内的莲花、三江、观音、栗木、西岭等乡镇的瑶族聚居区。

二、本书歌词主要由恭城瑶族研究学会组织各相关会员搜集整理。

三、本书由序言、说明、目录、歌词、曲谱、后记组成，以歌词为主要内容。

四、歌词按内容和场域分为历史歌、婚姻歌、风流歌、阳春歌、孝堂歌、礼仪歌、闲杂歌、稚童歌八章。每章作一简介。

五、曲谱按歌词内容和各区域唱腔，先由瑶族研究学会组织采录，再请乐师记谱。

六、一些歌词后简要介绍讲唱人、采（收）集人。

七、对歌词中的方言、俚语等做适当注释。

八、图片主要反映各区域环境风貌、歌唱场合、人情风俗、采集场景等，并插入各相关内容中。

目 录

（上卷）

（下卷）

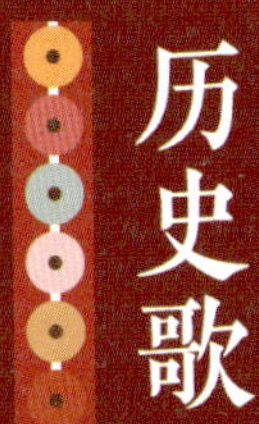

历史歌

历史歌简介

本章共收入了590多首歌词，有五个方面的内容：《伏羲兄妹歌》《盘王歌》《送梅山歌章》《周渭歌》《交趾歌》。前四种歌词采集于瑶族宗教文本，为民间传说故事经师公加工提炼浓缩成的歌章，由师徒传承下来，其传承范围具有一定的局限性。因族群支系、地域来源不同，即使同一个历史故事，歌词也会有一定的差异。

《伏羲兄妹歌》收录了两个版本。其一是《伏羲歌》，反映的是“水淹天门”以后，只剩下伏羲兄妹两人，伏羲和女娲兄妹只好结婚，（第二次）繁衍人类。婚后，女娲生下一个肉团，被砍成100块，其中52块变成男人，48块变成了女人，使得“分得男多女又少，如今世上不均匀”。梅山还有《唱女娲》歌章，记载人口方面为“天生男人一百数，地生女人九九人”，因而“天下剩男不剩女，至今世上有单身”。其二是《葫芦谣》，摘自过山瑶还盘王愿的《游乐歌》。因为“寅卯二年洪水发，伏羲走入里头藏”，而后兄妹成婚，“生下血团无名姓，无人分解不成郎”，“九州玉女把刀分，分做三百六十姓，拨下九州百姓村”。然后“拨入青山成瑶姓，拨下垌头百姓村”，形成瑶、汉民族。伏羲故事流传于汉、壮、瑶等多个民族中，反映出少数民族对汉文化的认同。伏羲故事也是讲述人类来源的故事，瑶族进行了加工改造，形成了自己的文化特色。

《盘王歌》有四个版本：平地瑶的《苟王出世歌》《〈梅山图〉序歌》，过山瑶的《唱盘王》《朝踏祖公出世歌》和《盘王出世歌》。盘王是平地瑶和过山瑶的共同祖先，但在称谓上有“苟（狗）王”和“祖公”之别。瑶族敬奉狗，尊其为神，可能与瑶族先民以狩猎为生有关。尤其值得注意的是《〈梅山图〉序歌》记录了昔时“燕军扰壤占赵地，勇刃模锋护国王”，而后“赵王赐宫招驸马，午商庚子出盘王”。在西岭镇新合村的文本中也有“便有燕王先起意，赵王出榜挂朱州”的记载，反映出盘王产生于战国时期。盘瓠助国立功封为盘王，而后举族南迁，成为百越的一员。盘王打猎不幸死后，儿孙打山羊，制长鼓，以此缅怀祖先。此后，长鼓便成为盘瑶的文化符号。

《送梅山歌章》收录了观音乡和三江乡共三个“送梅山”版本。人们只知道千家洞而不知道有梅山洞。梅山之名来自秦汉时期，是古老的瑶族聚居地，千家洞产生较晚且时间不长，因而盘瑶中只有“送梅山”。盘瑶认为，人有三魂七魄，魄随魂走，人死后必须“送梅山”：一魂安在墓地；二魂安在香火，以享受子孙供奉；三魂则送往祖居地梅山极乐世界。

《周渭歌》共在民间采集了两组歌词。周渭（922—999），字得臣，恭城东乡（今平安乡）路口村人。宋建隆初应试，赐同进士出身，授任白马主簿，后迁任永济知县、兴州通判、棣州知州、广南转运副使、两浙南西路转运使、监察御史等职。宋咸平二年（999 年）故后，本地州县建庙祭祀，敕封惠烈王。恭城民间称之为周王或周王公。因为周渭是恭城最早且有名的官，所以从宋朝直至民国，从县府到民间一直祭祀不断。有经济条件的在集镇、村庄设立专庙塑立神像，没条件的村屯也在其他庙宇中竖立牌位。祭祀时间一般在六月，从农历六月初一至六月二十三日，各乡各村轮番祭祀，抬神出游，祈求丰收。

《交趾歌》（原名《交趾曲》）共收入了三组歌词。《交趾歌（一）》为恭城东乡瑶族人迁往越南洪水洞、万言山以后托人送回家乡的信歌。《交趾歌（二）》是东乡瑶族人的一封回信歌。《交趾歌（三）》为已迁越南的男子写给东乡女子的情歌。《交趾歌》于 1956 年由广西少数民族社会历史调查组在金秀大瑶山桂田乡黄元林和赵德仙家收集，1983 年载入《广西瑶族社会历史调查》第一册《广西金秀大瑶山瑶族社会历史调查》。迁往越南的瑶族先民原居广东乐昌府，明万历年间外迁，经辗转游移，至清乾隆后期有赵、黄、盘、冯等姓入居恭城东乡势江源（今莲花镇、三江乡）地区。清咸丰年间，因兵灾匪患，饥荒乏食，部分东乡瑶族人被迫外迁至越南北部地区。

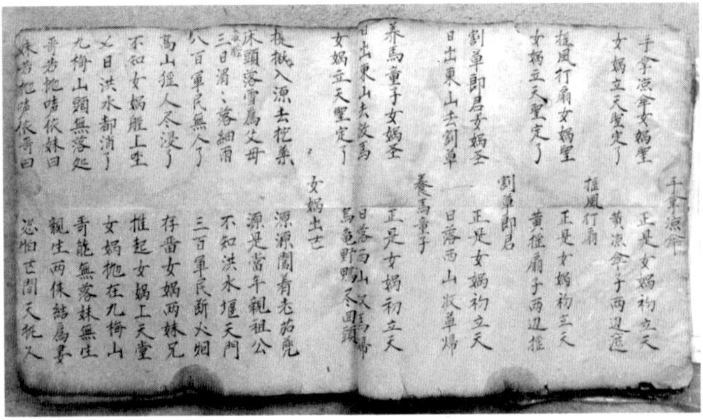

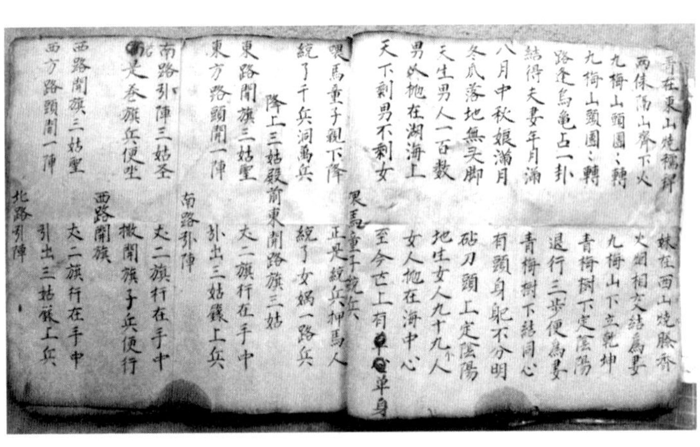

观音乡平地瑶梅山教唱神歌本《女娲出世歌》/ 莫纪德 摄

（一）伏羲兄妹歌

1. 女娲出世歌

（观音乡水滨村蒋礼发搜集）

焚香拜请桃源洞，桃源洞里说原因；
混沌置出天和地，置出十万地和天。

龙汉元年洪水涨，葫芦里内救出人；
救出伏羲两兄妹，整夜扒船到天明。

扒得三日洪水退，上无亲戚下无娘；
哥哥开口对妹说，妹子听我说原因。

浸成天下无人了，不如兄妹配为婚；
妹妹答应哥哥道：你今说话不思量。

当时女娲休莫怨，西梅山上走三层；
走到井中口又渴，前往井中讨水吃。

金龟道人出水报，便问伏羲女娲身；
若要兄妹从相会，转行三步便成亲。

转身三步梅花脚，手攀梅树做媒人；
解下罗裙为帐子，手巾铺地谢天神。

兄妹成亲三刻后，女娲便问哥哥身；
我在梅花树下躲，你又如何得知情。

哥哥开口对妹说，你今听我说原因；
金龟道人出水报，叫我逆行便成亲。

女娲听了心中恼，手拿拐杖走纷纷；
当时打破金龟骨，二十四块不分明。

伏羲当时不愿见，低头折草砌仙龟；
当时治得金龟好，放龟下海得长生。

金龟得了长生旨，九宫八卦定乾坤；
未曾怀胎先得梦，梦见红花口中吞。

梦见白花是男子，梦见红花是女人；
怀了三年六个月，不知六甲上娘身。

团团生下一块肉，不分头面好愁人；
又说男人又无脑，又说女人又无身。

请个天师来观看，李广将军把剑分；
左边五十二块为男子，右边四十八块为女人；
分得男多女又少，如今世上不均匀。

有儿无女心莫愁，天上神仙分不均；
有妻无子前生定，姻缘相会定分明。
三司父母花台坐，师郎唱度那曹门。

（该歌词摘自恭城平地瑶梅山教《清筵歌章》）

三江乡过山瑶还盘王愿歌本《游乐歌》之《葫芦谣》/ 莫纪德 摄

2. 葫芦谣

（莫纪德[①]搜集整理）

一双燕子白栽栽，口里含花放落台。
口里含花放落地，放落地中讨地栽。

葫芦瓜物大州出，大哥行往得归藏。
伏羲种瓜有七夜，未经三夜物头开。

葫芦初生金鸡卵，未经三夜大禾仓。
葫芦里头有七阔，修整里头有七双。

寅卯二年洪水发，伏羲走入里头藏。
葫芦里头有七阔，修划里头有七千。

寅卯二年洪水发，葫芦浮起到天门。
踏上高天望山脚，望见天下水平流。

寅卯二年雷发癫，顺水流来下贵州。
七十老妇成嫩人，七朝七夜淹天门。

① 莫纪德，男，瑶族，1949年10月出生于恭城县西岭乡八岩村。曾任小学教师、校长、乡政府干部，2002年退休。1985年加入广西瑶学会，2000年任理事，2005年组建恭城瑶族研究学会，现任会长。从事恭城本土历史文化研究多年，在区内外刊物发表学术论文10多篇，主编《恭城瑶学研究》（内刊）13辑。近年发表专著《梅山图注》，发表（合编）《梅山经校注》《恭城瑶族历史与民俗文化》《瑶族碑文点校》等书。

《葫芦谣》歌本 / 莫纪德 摄

仙人解衫来塞水，寅时减半卯时生。
水底黄龙来放水，明日卯时到底干。

洪水尽，十二日头平晒愁。
龙广弯弓射十个，李广弯弓射日头。

洪水尽，十二日头平上山。
龙广弯弓射十个，只留二个照凡间。

洪水尽，伏羲把伞去传天。
先人传天到别国，天下全无一个人。

逢着乌龟拦大路，话说天下只二人。
阴阳相合传人种，如今就看两兄妹。

先人闻言心中恼，打破乌龟成两边。
你的背壳合得拢，我俩兄妹当拜天。

洪水尽，能合乌龟月样圆。
伏羲兄妹还不信，又到别处找神仙。

仙家传言两兄妹，天下无人当结亲。
隔岸烧香隔岸拜，火烟相合兆成双。

为婚了，七朝花孕上娘床。
生下血团无名姓，无人分解不成郎。

会分更会分，九州玉女把刀分，
分做三百六十姓，拨下九州百姓村。

会分更会分，九州玉女把刀分，
拨入青山成瑶姓，拨下垌头百姓村。

（该歌词摘自三江乡过山瑶正一教《游乐歌》）

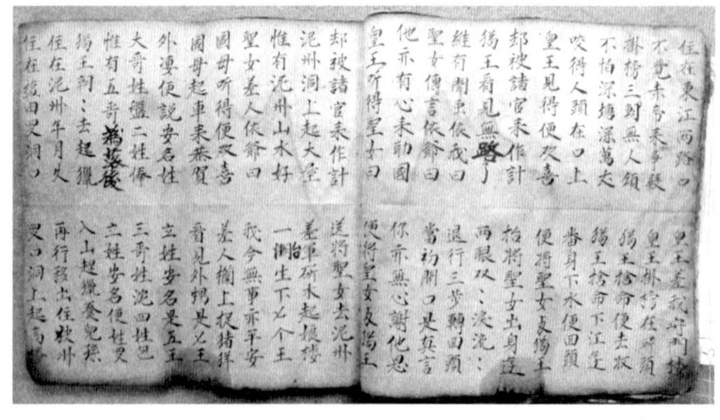

观音乡瑶族唱神歌本《苟王出世歌》/ 莫纪德 摄

（二）盘王歌

1. 苟王出世歌

（莫纪德搜集整理）

苟王当初有出处，当初住处在东江。
住在东江两路口，皇王差我守门楼。

不觉赤帝来争殿，皇王挂榜在厅头。
挂榜三朝无人领，苟王舍命便去收。

不怕深塘深万丈，苟王舍命下江游。
咬得人头在口上，翻身下水便回头。

皇王见得便欢喜，便将圣女与苟王。
却被诸官来作计，抬得圣女出身游。

苟王看见无路了，两眼汪汪泪流流。
唯有蚊虫依我曰，退行三步转回头。

圣女传言依爷曰，当初开口是真言。
他亦有心来助国，你亦无心谢他恩。

皇王听得圣女言，便将圣女与苟王。
却被诸官来作计，送将圣女去泥州。

泥州洞上起大屋，差军砍木起娘楼。
唯有泥州山水好，一胎生下七个王。

圣女差人依爷曰，我今无事亦平安。
国母听得便欢喜，差人栏上捉猪羊。

国母起车来恭贺，看见外甥是七王。
外婆便说安名姓，立姓安名是五王。

大哥姓盘二姓倖，三哥姓沈四姓包。
唯有五哥年纪小，立姓安名便姓罗。

苟王朝朝去赶猎，入山赶猎养儿孙。
住在泥州日月久，再行移出往坡州。

住在盐田罗洞口，坡州盐田多招猎。
苟王赶猎养儿孙，唯有沙州地里隘。

如今移出住扶灵，住在扶灵功曹岭。
功曹岭上起高楼，苟王朝朝去赶猎。

苟王朝朝去赶猎，一心赶猎养儿孙。
苟王朝朝去赶猎，赶到扶灵石壁头。

赶到扶灵扶木脚，扶灵石壁是羊巢。
赶起灵羊随路走，木莵挂到我裤头。

挂到裤头不得脱，灵羊撞死在木蔸。
苟王朝朝去赶猎，朝朝赶猎夜归程。

唯有今朝去赶猎，连去七朝不见回。
不知山中遇着虎，不知下水看精游。

盘王兄弟齐邀伴，入山寻着我爷回。
寻到扶灵扶木脚，寻到扶灵石壁头。

放起灵羊随路走，引去爷身在木蔸。
抬起我爷安葬了，翻身砍木报冤仇。

大哥砍支长侯鼓，二哥砍支报冤仇。
三哥砍支做柏板，四哥砍支做琵琶。

唯有五哥做现事，依同幼妹砍木头。
剥得羊皮来鞔鼓，取得羊眼做鼓钉。

砍支长侯不得响，一丢丢在湴泥塘。
唯有猪婆来挨鼓，猪婆挨过响声鸣。

一面上泥一面响，声声响出叫盘王。
上世祖公被羊害，儿孙世代报冤仇。

凡间不知阴出处，苟王出世有根源。
今日子孙赍门会，请来会上领歌章。

受领歌章归阴去，马前参拜受炉香。
保佑东君酬愿后，万事康宁大吉昌。

（该歌词摘自观音乡平地瑶梅山教《浊筵歌章》）

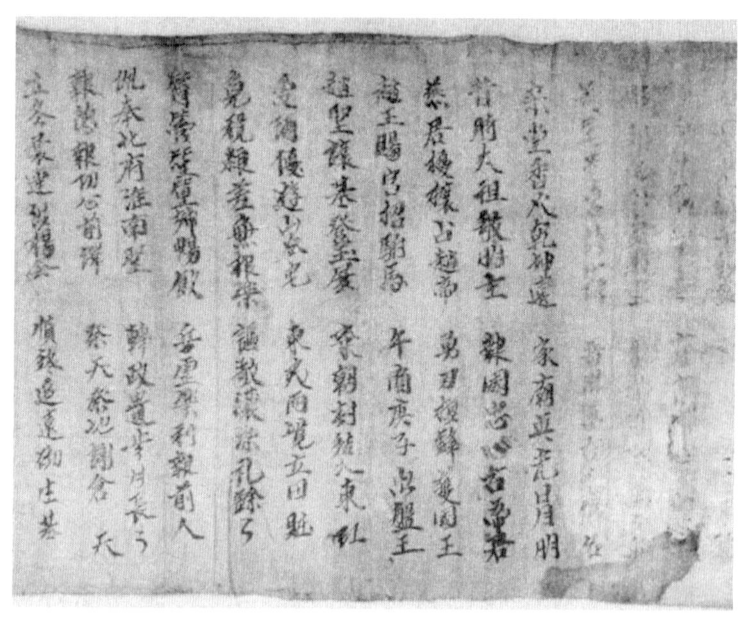

恭城瑶族《梅山图》/莫纪德 摄

2.《梅山图》序歌

（莫纪德搜集整理）

昔时太祖歌明主，报国忠心古帝君。
燕军扰壤占赵地，勇刃模锋护国王。

赵王赐宫招驸马，午商庚子出盘王。
赵圣让基登玉殿，弃朝封王入东江。

爱韵侵游山谷宅，东夷四境立田庄。
免征粮差无限乐，讴歌攘保礼余余。

观音乡水滨村的“吹笙挝鼓” / 莫纪德 摄

3. 唱盘王

（莫纪德搜集整理）

笔头落纸字算真，且说盘王讲出身。
当由娘娘耳朵起，高辛娘娘耳朵疼。

百般草药都用尽，三年生出是条虫。
盘子装虫把它养，长大变成我盘王。

番邦造反二三春，杀尽好多好汉身。
皇帝无奈出皇榜，杀了番王女招亲。

高辛皇帝发谕时，四门挂榜尽出示。
谁人取得番王头，第三闺女结为亲。

盘王听知便近前，揭下皇榜藏在身。
直取番邦番王殿，服侍番王二三年。

盘王随王心欢喜，三餐酒食笑眯眯。
番王酒醉睡龙榻，文武百官无预知。
咬死番王游过河，皇帝殿前个个惊。

第三宫主心不愿，金钟内里去变人。
六天宫主便来看，美男一个发青青。

宫主盘王相进殿，皇帝一见好欢喜。
高官金银他不要，住进深山建南京。

婆王先生六个仔，又生六女来伴亲。
郎娶媳来女招郎，盘瑶自此十二姓。

盘王老来去打猎，山羊撞下石岩边。
七日七夜妹不见，寻着挂在树杈尖。

儿孙无爷泪涟涟，砍下桐木做鼓身。
又剥山羊皮蒙鼓，年年敲打报仇恩。

4. 朝踏祖公出世歌

（莫纪德搜集整理）

良时到，吉时到，游起大官出厅头。
踏破草鞋说出省，说来说去祖公头。

说着当初出世事，出世有根唱得成。
两个衙门对面坐，游起大官出厅头。

大官头戴青纱帽，四寸腰带不离身。
房上尽是琉璃瓦，油砖装过是官阶。

平王高王争殿坐，也无春来亦无冬。
平王许过第二女，狗王闻听轿抬头。

狗王过海变竹叶，杀了高王不用刀。
平王听闻多欢喜，当衙许过不悔心。

送入深山离州县，升在嫩州立衙门。
狗王一胎养七子，外家听闻看外甥。

狗王上山去赶肉[①]，四寸弓箭不离身。
不知灵羊来抓狗，一时挂了石山边。

七子成人问母娘，有娘无爷何处生？
母娘闻言对郎说，上山赶肉亦无归。

七子想来不服气，上山去寻爷尸身。
去到高山高岭顶，不知爷身落何方。

一对乌鸦来报信，手巾挂在梓木头。
石岩脚下见父亲，个个流泪湿胸前。

爷身原是王字骨，云头落空遮公身。
子孙想来无计了，立起祖公子孙承。

① 赶肉：瑶族方言，打猎。

卅六连炉尽齐整，游起大官出行游。
振动铜铃来引圣，引圣师主出在前。

鼓乐黄金亲出位，打锣打鼓来讣圣。
振动铜铃来引圣，十二年转头还恩仇。

（该歌词摘自三江乡洗脚岭过山瑶正一教还愿经书）

5. 盘王歌唱

（莫纪德搜集整理）

先天盘古鬼，两目双双盘古王。
盘古起意造天地，喽啰二相置人民。
伏羲兄妹置江海，流下九州养人民。

盘古冬地天，又立金童在两边。
家家服侍我香火，正是公爷先祖贤。

金童玉女同相请，禾谷小娘立下坛。
五旗便是眼前鬼，住在东南西北方。

住在东南西北县，谁知水低好烧香。
设主今宵书状请，盘王下马到坛前。

凡闻下界鼓愁愁，盘王下马到坛头。
当初原是犬家子，龙皮包过甚风流。

便有燕王先起意，赵王出榜挂朱州。
出榜三年无人领，犬王领得赵王收。

犬王游过中央海，洪波大浪也无忧。
当时去到燕王殿，燕王见我甚风流。

金盆载肉犬见吃，金阶大殿我穿身。
日里放你去打转，夜里放你守门楼。
咬断燕王游过海，赵王一国尽无忧。

赵王便将第三女，我俩夫妻今生同。
结发夫妻十八岁，降生五子世风流。

当时送去村溪洞，村溪洞里住千秋。
官也不差吏不扰，见子一把大斧头。

千般鱼肉都吃了，朝朝打猎在山头。
东山打过南山峰，西山打过北山头。

便有石羊不忿气，当时撞死在山头。
一家男女来寻过，满身都是着蚁虫。

男女当时找到屋，开丧打鼓哭愁愁。
又请先生来看地，葬在深山石壁头。

出圣先生来看地，一保春耕二保牛。
设主今宵书状请，盘王下马到坛头。

（该歌词摘自西岭镇新合村瑶族正一教还愿经书《周王唱》歌本）

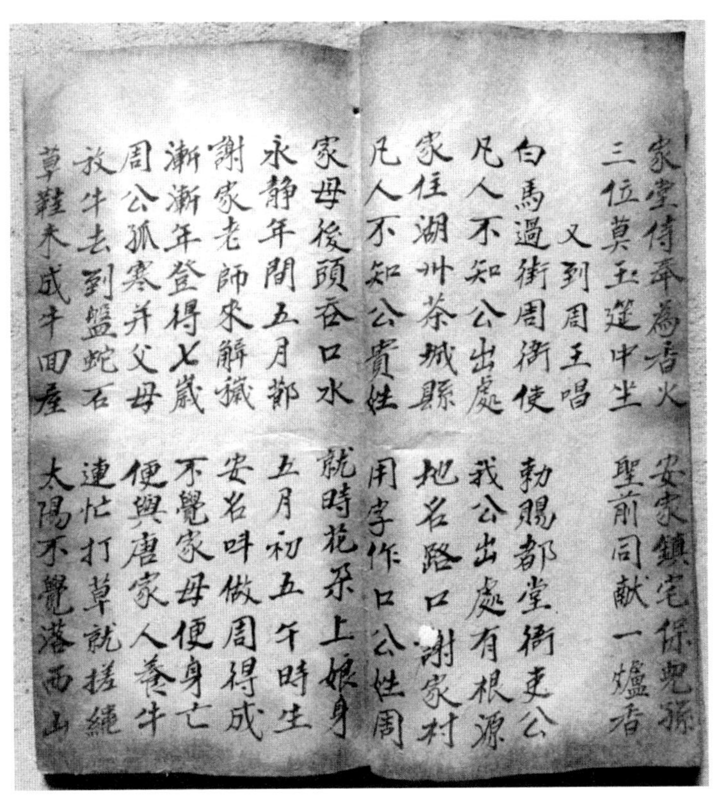
家堂侍奉爲香火　安家鎮宅保兒孫
三位真王筵中坐　聖前同獻一爐香
又到周王唱
白馬過街周衙使　勅賜都堂衙吏公
凡人不知公出處　我公出處有根源
家住湖州茶城縣　地名路口謝家村
凡人不知公貴姓　用字作口公姓周
家母後頭吞口水　就時花朶上娘身
永静年間五月節　五月初五午時生
謝家老師來解識　安名吽做周得成
漸漸年登得七歲　不覺家母便身亡
周公孤寒并父母　便與唐家人養牛
放牛去到盤蛇石　連忙打草就搓繩
草鞋未成牛回屋　太陽不覺落西山

西岭镇新合村《周王唱》歌本 / 莫纪德 摄

6. 盘王姊妹歌①

（三江乡洗脚村赵梅芳提供，莫纪德搜集）

（1）起堂歌

引娘唱，三斗油麻来引头；
三斗油麻引出火，今夜引娘出唱游。

引郎唱，三斗油麻来引头；
三斗油麻引出火，今夜引郎出唱愁。

引娘唱，手拿笛子引娘吹；
笛子里头有句话，大姊出声妹便随。

引郎唱，手拿笛子引郎声；
笛子里头有句话，大姊出声郎便行。

引娘唱，老木造书来引游；
老木造书引出火，今夜引娘出唱游。

引郎唱，老木造书来引愁；
老木造书引出火，今夜引郎出唱游。

① 盘王姊妹歌：恭城势江源过山瑶在家中酬还盘王愿，要请两位男歌师扮作盘王仔，两位女歌师扮作盘王女唱《盘王歌》，还有小孩四人充当金童玉女。该歌词由瑶语译成汉文，用瑶语歌唱，唱时有独唱、对唱、二重唱等形式。

拜神圣，人话拜神拜到完；
师主声声还良愿，不怕神多拜不完。

拜神圣，人话拜神拜到平；
师主声声还良愿，不怕神多拜不平。

起歌唱，深山楠木起歌头；
起得歌头望歌尾，深山担木尾大梁。

起歌唱，深山楠木起歌边；
起得歌头望歌尾，深山担木尾大天。

起歌出，引出歌言满地铺；
引出歌言外里唱，主人贵地出珍珠。

起歌出，引出歌言满地园；
引出歌言外里唱，主人贵地日初升。

深山更[1]，深山更口雾喳喳；
好在正来说报圣，无事何曾得圣米。

深山更，深山更口雾纷纷；
好在正来说报圣，无事何曾得圣门。

① 更：瑶语，“岭”的意思。

深山更，青山更口雾连连；
有事正来说报圣，无事何曾报圣知。

深山更，青山更口雾飞飞；
有事正来说报圣，无事何曾报圣前。

青山更，青山更口雾声声；
好事正来说报圣，无事何曾报圣来。

青山更，青山更口雾藏藏；
好事正来说报圣，无事何曾报圣行。

门前拜条青坭竹，竹尾挖梳到庙前；
人话瑶人不起屋，冬闲着事捧山边。

门前拜条青坭竹，竹尾挖梳到庙堂；
人话瑶人不起屋，冬闲着事捧山江。

庙前竹，齐根生上竹攀攀；
人话瑶人不起屋，冬今做事捧青山。

细冲水，流到门前成垌田；
人话瑶人不起屋，冬闲做事捧楼天。

细冲水，流到门前成大河；
人话瑶人不起屋，冬闲做事捧山崖。

来试声，郎在湖广妹在京；
郎在湖广松柏县，谁知今夜到交情。

来试声，妹在湖广郎在京；
妹在湖广松柏县，谁知今夜到交情。

初试逢，东海鲤鱼西海龙；
东海鲤鱼西海散，谁知今夜得相逢。

来试唱，试唱一条同不同；
第一唱条同入县，第二唱条同入冲。

来试唱，试唱一条同尧尧；
第一唱条同入县，第二唱条同入州。

来试声，哥在湖广妹在京；
哥在湖广松柏县，妹在贵州来听声。

来试声，妹在湖广哥在州；
妹在湖广松柏县，哥在贵州双泪流。

笔是大州兔毛笔，墨是贵州松柏烟；
家主声声还良愿，笔头点破万年经。

笔是大州兔毛笔，墨是贵州松柏乌；
家主声声还良愿，笔头点破万年书。

不唱了，收拾歌词笼里藏；
三更半夜人相请，不成把火来求郎。

不唱了，收拾歌词笼里收；
三更半夜人相请，不成把火过乡求。

不唱了，得见路边佛子[①]随；
说报门前众神圣，妹在中厅哥便为。

不唱了，得见路边佛子行；
说报门前众神圣，哥在中厅妹便行。

不唱了，风吹木叶转魁魁；
风吹木叶魁魁转，妹在中厅作笑思。

不唱了，风吹木叶转平平；
风吹木叶平平转，哥在中厅作笑行。

（2）围堂[②]歌
引出唱，且听师人引出娘；
师人引出外面唱，引出歌词忏破堂。

引出唱，且听师人引出人；
师人引出外面唱，引出歌词忏破神。

---

① 佛子：俗称，指竖于村头路旁的石塑阿弥陀佛，又称佛子大哥。

② 围堂：围着火塘唱歌。唱完起堂歌以后，师公引领盘王仔、盘王女离开正厅，来到门外，一边摇铃舞蹈，一边和大家一起歌唱，俗称“围堂”。

踏入歌堂协三协，长沙木鼓协三声；
四边歌堂且慢唱，且听师人引出声。

踏入歌堂协三协，长沙木鼓协三秋；
四边歌堂且慢唱，且听师人引出游。

试围地，元能黄龙围月新；
试围深潭嫩鱼仔，试围贵地看花新。

试围地，元能黄龙围月齐；
试围深潭嫩鱼仔，试围贵地看花升。

围使围，黄龙围过外门楣；
黄龙围过三重外，问仔出心思不思。

围使围，黄龙围过外门楼；
黄龙围过三重外，问仔出心愁不愁。

竹笋原随青山出，叶便花开身带生；
千山万水流相合，合着风流共路行。

竹笋原随青山出，叶便花开身带随；
千山万水流相合，合着风流共路归。

正月桃花树上发，正看二月李花开；
三月桐木花正发，四月金斗满天开。

五月南球岭上发，六月芙蓉花正红；
七月莲花塘里生，八月禾花谷里生。

九月麻藤生过路，十月鸡公花正红；
十一月梅花谢落地，十二月山茶满树红。

无花了，撑船下海买花球；
买得花球十二样，样样托来自流罗。

上路不行行下路，不知下路有根枝；
出门得见人有我，归家烧起佛前司。

上路不行行下路，不知下路有根藤；
出门得见人有我，归家烧起佛前看。

裙头钉线真针线，钉线裙头忏破神；
天光落日歌堂散，竹筒在出自龙楼。

裙头钉线真针线，钉线裙头忏破堂；
天光落日歌堂散，竹筒在出自龙蛇。

上路手攀黄竹叶，下路手攀黄竹良；
手攀竹筒节对节，节节对郎出远乡。

上路手攀黄竹叶，下路手攀黄竹球；
手攀竹筒节对节，节节对郎出远州。

歌堂敬事若不是，裙脚若新若不新；
天光落日歌堂散，裙脚拖泥七寸尘。

歌堂敬事若不是，裙脚若齐若不齐；
天光落日歌堂散，裙脚拖泥七寸台。

担竹过州来围县，人人说得县围田；
不净好双连一个，不是真金人意天。

担竹过州来围县，人人说得县围垌；
不净好双连一个，不是真金人意多。

一更风发裙头岸，二更屋背便风凉；
娘来郎家不久住，风吹裙脚赶离乡。

一更风发裙头岸，二更屋背鸟投林；
郎来娘家不久住，风吹裙脚赶离人。

烧香格木不成炭，火烧六笛炭魁魁；
娘来传望成郎我，也回半句定娘情。

烧香格木不成炭，火烧六笛炭兴兴；
郎来传望成娘我，也回半句定郎归。

不唱了，收拾歌词笼里收；
三更半夜人相请，不成把火过求郎。

不唱了，收拾歌词笼里藏；
三更半夜人相请，不成把火过乡求。

不唱了，得见路边佛子随；
说报门前众神圣，妹在门前作笑归。

不唱了，得见路边佛子行；
说报门前众神圣，郎在门前作笑行。

不唱了，风吹木叶转魁魁；
风吹木叶魁魁转，伏共唱条入进归。

不唱了，风吹木叶转兴兴；
风吹木叶兴兴转，伏共唱条入进厅。

（3）游愿歌
骑马过园来偷愿，今郎执把马龙头；
莫放小娘落马去，今世难有偷愿头。

骑马过园来偷愿，今郎执把马龙边；
莫放小娘落马去，今世难有偷愿边。

当初结愿师人结，师人结愿便高台；
师人结愿邓鬼话，筶头①落地鬼来齐。

① 筶头：卦像。卦是师公法具之一。

当初结愿师人结，师人结愿便高厅；
师人结愿邓鬼话，筶头落地鬼同厅。

当初吉愿师人吉，吉了劄[①]安吉壁边；
当初愿断壁开叶，壁叶未开愿便完。

当初吉愿师人吉，吉了劄安吉壁头；
当初愿断壁开叶，壁叶未开愿便勾。

当初结愿师人结，结了劄安箱衣收；
当初不还心不忍，世今还愿世面忧。

当初结愿师人结，结了劄安箱衣抽；
当初不还心不忍，世今还愿世面愁。

当初结愿师人结，结了筶[②]安桃子边；
当初结愿生桃子，桃子未生愿便完。

当初结愿师人结，结了筶安桃子头；
当初结愿生桃子，桃子未生愿便勾。

当初结愿使茶青，世今还愿使铜铃；
当使铜铃还不过，又请外人来唱歌。

---

①劄：同“札”，古代写字用的木片。

②筶：师公所用的卦。

当初结愿使藤茶，世今还愿使长沙[1]；
当使长沙还不过，又请外人来听声。

当初结愿使张纸，如今还愿使万千；
当初结愿师人结，结了筶安杉木梁。

当初结愿使张纸，如今还愿使千秋；
当初结愿师人结，结了筶安杉木梁。
天光落月歌当散，水堆杉木不断央（油）。

游愿到，游愿到娘娘便量；
今年游愿娘门处，后年游过别人乡。

游愿到，游愿到娘娘便游；
今年游愿娘门处，后年游过别人州。

游愿到，游到天灵地也灵；
游到天灵下细雨，游到地林成大河。

游愿到，游到天灵地也林；
游到天灵下细雨，游到地林成大禾。

游愿到，游到天宽地也宽；
游到天齐落大雨，游到地齐成秀才。

① 长沙：长沙鼓，指瑶族跳神用的长鼓。

游愿到，游到天齐地也齐；
游到天宽落大雨，游到地宽成秀官。

游愿到，游到江边水埠头；
江边水急也难上，愿在中厅今夜勾。

游愿到，游到江边水埠边；
江边水急也难上，愿在中厅今夜还。

游愿到，游到天齐地也齐；
游到天齐落小雨，游愿攀归交把师。

游愿到，游到天完地也完；
游到天齐落小雨，游愿攀归下地分。

游愿到，游到天平地也平；
游到天平落小雨，游到地平共入门。

游愿到，游到天圆地也圆；
游到大圆落小雨，游到地圆共入街。

笔是大州兔毛笔，墨是贵州松柏乌；
家主声声还良愿，折破愿头放火烧。

笔是大州兔毛笔，墨是贵州松柏烟；
家主声声还良愿，折破愿头放火收。

鸦头杵头塞便塞，塞下大州空便腰；
今年塞破千年愿，塞破愿头放火烧。

鸦头杵头塞便塞，塞下大州空便辽；
今年塞破千年愿，塞破愿头放火收。

鸦色树头塞便塞，塞下大州酒盏杯；
天光落日歌堂散，大王归去世回回。

鸦色树头塞便塞，塞下大州酒盏街；
天光落日歌堂散，大王归去世回来。

不唱了，黄杆结排撑下滩；
撑下半滩黄杆散，变成鸦鹩满天看。

不唱了，黄杆结排撑下州；
撑下半滩黄杆散，变成鸦鹩满天游。
人话柳州江水大，大船撑过世回忧（难）。

不唱了，六笛花开伏大桥；
伏得大桥过大海，游愿攀归放火烧。

不唱了，收拾歌词笼里藏；
三更半夜人相请，不成把火过求郎。

不唱了，收拾歌词笼里收；
三更半夜人相请，不成把火过乡求。
说报面前众神圣，妹在门前作笑归（行）。

不唱了，风吹木叶转魁魁；
风吹木叶魁魁转，同共唱条转入归。

不唱了，风吹木叶转兴兴；
风吹木叶兴兴转，同共唱条转入厅。

游愿到，门前游愿转台头；
游到台头交把仔，仔把师人今夜勾。

游愿到，门前游愿转台边；
游到台边交把仔，仔把师人今夜还。

（4）送王歌
白纸白连灵，又请外人做纸钱；
做得纸钱挂壁上，黄杆串钱千万年。

白纸白连灵，又请外人做钱铢；
做得钱铢挂壁上，黄杆串珠千万面。

大王要去且慢去，且听师人纳纸钱（铢）；
师人纳纸莫嫌少，嫌少师人难得添（面）。

歌堂连连全是散，白纸连连下地铺（收）；
未曾火烧是白纸，烧了变成阴世钱（铢）。

沙板排排送神去，堂里树上挂铜灵（连）；
歌堂也当今日散，姊妹今日也当送师归（行）。
歌堂连灵全是散，不久师人装马归（行）。

送神去，装起大船水埠头（边）；
来时船渡器物载，去时船渡载银钱（头牲）。

送神去，装起船头神转乡（归）；
来时船渡空船肚，去时船渡载莲花。

送神去，装起大船神转家；
来时船渡空船肚，去时船渡载莲花。

送神去，装起大船水面游；
来时船渡空船肚，去时船渡载银珠。

送神去，解开船缆送船行（游）；
解开船缆送船去，不使竹篙船自行（游）。

送神去，白米纷纷发出厅（游）；
白米纷纷发出外，相送大王上庙厅（门）。

送神去，送神归去到连州；
送神归去连州庙，门前车队转悠悠。

送神去，送神归去到行平；
送神归去行平庙，庙前车队转平平。

送神去，送神归去到扶灵；
送神归去扶灵庙，庙前车队转连连。

送神去，送神归去到福江；
送神归去福江庙，庙前车队转双双。

送神去，送神归去到厨司；
送神归去厨司庙，庙前车队转魁魁。

送神去，送神归去到阳州；
送神归去阳州庙，庙前车队转由由。

送神去，师人托香送出街；
香炉水碗倒落地，贵地出金神不来。

送神去，送神归去到龙城；
送神归去龙神庙，庙前车队转兴兴。

（5）连州歌

郎在湖广大路上，不知娘屋在何京；
不知娘村做好事，郎来今夜嚷歌声（堂）。

门前江水专流州，主人有事请连州；
家主声声还良愿，请神来到接入州。

仔是连州仔，今夜行来手不空；
手拿一个横吹笛，将来今夜嚷大王。

门前江水转平平，主人有事请行平；
家主声声还良愿，请神来到执入门。

仔是行平十二郎，铜铃牙简[①]手攀来；
家主声声还良愿，金银财帛富入街。

门前江水转兴兴，主人有事请扶灵；
家主声声还良愿，请神来到接入厅。

仔是扶灵仔，又请刘三[②]来唱歌；
家主声声还良愿，金银财帛复入厅（家）。

门前江水转双双，主人有事请福江；
家主声声还良愿，请神来到接入堂。

---

① 牙简：朝笏，指法令文书。此处指师公法具，用来参拜神灵。

② 刘三：指刘三姐，夸对方能唱。

仔是福江仔，今夜行来手不空；
手执长沙木鼓仔，将来今夜嚷大王。

门前江水转魁魁，主人有事请厨司；
家主声声还良愿，请神来到接入归。

门前江水转兴兴，惊动家先下马行；
众位家先齐下马，请神来到保人丁。

门前江水转排排，主人有事请神来；
家主声声还良愿，引苦大王姊妹齐。

娘姐开门把郎入，郎来今夜嚷太公；
郎是远乡远来到，来到外村屋下庭（塘）。
娘姐开门把郎入，郎来今夜嚷扶灵（江）。

夜黄纸，作笑不知姐锁门，
来到门前双落泪，不得锁匙开妹门。

夜深深，脚下草鞋连到心；
娘姐开门把郎入，草床铺地也甘心（思量）。

夜深深，夜了行到贵娘乡（屯）；
娘姐开门把郎入，正是有心有意人（娘）。

复问仔，问仔哪乡哪县人；
问郎行来做何事，门前打鼓唱歌来。
天光堂堂郎不到，三更半夜正行来。

传报仔，因为路长心便慌（长）；
连州半岭日便夜，夜深正到唱歌郎（贵娘行）。

传报仔，郎小全心随路来；
连州半夜日半夜，莫说郎今路上行。

全报仔，细问刘三报娘行（贵娘）；
家主声声还良愿，郎来今夜嚷歌堂。

复问仔，问仔歌言见哪行；
便问歌言见哪怪，见怪歌言说报郎。

全报仔，开打贱[①]言说报郎，
连州半岭见那怪，一条大路到娘乡（家堂）。
家主声声还良愿，金银财帛富入街。

复问仔，问仔连州连大郎；
连州半岭见那怪，报郎见圣莫塞来。
家主声声还良愿，金银财帛富入街。

复问仔，问仔扶灵连大亲；
扶灵半岭见那怪，有怪行来说报人。

①贱：对自己的谦称。

扶灵半岭见那怪，得见乌龟拦路眠；
家主声声还良愿，金银财帛富入厅。

扶灵半岭见小怪，得见七星现过天；
家主声声还良愿，儿孙世代出聪明。

正是湖南聪明仔，湖南姊妹都来言；
千般百鬼都报尽，是人生得好聪明。

郎到门前来贺主，不得主人门扇开；
主人开门来接仔，恭贺主人百样齐。

难为仔，欢欢喜喜望郎归；
打开大门把郎入，接郎入屋唱神司。

一对大门两扇开，得见大厅百样在高台；
红罗牲头都挂尽，大王姊妹都来齐。

左手执郎长沙鼓，右手执郎好贵铃；
连州（行平）贵人来到贵门外，小娘双手接入厅。

灵谢郎情天样义，多谢郎情水样深；
双手开门执郎入，正是有心有意人。

左手执郎横吹竹笛子，右手执郎好贵铃；
扶灵（福江）贵人到门外，双手执入贺圣恩。

难为仔，欢欢喜喜好心支；
家主声声还良愿，齐齐立意嚷神司。

青山青岭青愁愁，娘今来看水平沙；
人话青山好，有我青山有我影风流。

青山青岭青箬箬，娘今来看水平沙；
人话青山好，有我青山有我影流罗。

（讲唱人：赵梅芳，女，瑶族，三江乡洗脚村人）

（三）送梅山①歌章

1. 观音乡之梅山歌章

（莫纪德搜集整理）

（1）送法师十洞歌章
送过冥关无阻隔，阴阳相送化师②行。
化师得道归西去，众师相送化师行。

① 梅山：湖南省新化县、安化县旧称梅山。
② 化师：羽化的法师。羽化，道教用语，称成仙为羽化。

当初学法同相会，谁知今日各分程。
化师不管人间事，逍遥快乐入梅山。

棺前孝子哀哀哭，感动盘人[①]泪两行。
仙童玉女前头引，梅山法主[②]护相行。
笙前鼓后[③]亲奉送，本度师爷引前行。

送入梅山第一洞，石岩出水九重湾。
白日听闻人歌唱，夜了仍有人吹箫。

送入梅山第二洞，牛桅架桥路难行。
有法之人过得去，无法之人住梅山。

送入梅山第三洞，黄龙吐水不通行。
无法之人低头拜，拜下黄龙讨路行。

第四洞中有石壁，住在半天石壁头。
有法之人过得去，无法之人买路行。

第五洞中有石壁，四围石壁打墙行。
梅山出得精灵子，连夜打成曲路行。

第六洞中三角山，山去山来还石山。
大朝人马围不过，存流名积在凡间。

---

① 盘人：盘王后人。

② 法主：教主，统称为三十六教主，太上老君属其中之一。

③ 笙前鼓后：平地瑶为亡师送葬，须吹笙挞鼓，即吹芦笙在前，挞长鼓紧随于后。

相送法师到七洞，七里溢田路难行。
八面山头抛石过，执法架桥入梅山。

第八洞中有石马，毛发比如老虎斑。
梅山出得精灵子，手中执法磊磊行。

第九洞中石上火，飞去飞来还石山。
梅山出得精灵子，提纸封书到五更。

第十有树青梅子，四时结子四时生。
有人吃得青梅子，老者回如少后生。

梅山十洞好景致，一条大路水湾湾。
化师得入梅山洞，逍遥快乐入梅山。

三六四界神兵亲奉送，旗号纷纷不等停。
三元[①]教主来接引，梅山法主发兵迎。

参学梅山真正法，真罡[②]正法任逍遥。
一来一去无星碍，来来往往护香门。

① 三元：亦称“三官”“三官大帝”。道教信奉天官、地官、水官三神，源于对天、地、水的自然崇拜，有上元唐将军、中元葛将军、下元周将军三位主神。三元亦指日、月、星三神，或指人的精气神。

② 罡：道教术语，指敕令神灵的动作，有手罡、步罡之分。

奉送化师桃源洞，常来拥护众师门。
笙前鼓后亲奉送，相送化师入梅山。
受领歌章归阴去，万事康宁大吉昌。

（2）引动大梅山

鼓亦齐时马亦齐，赞阳相送老师行。
化师不管人间事，今日得道往西行。

棺前孝子哀哀哭，众师相送入梅山。
当初学法同相会，谁知今日各分程。

今朝登入梅山路，阴阳相送入桃源。
三元天师来接引，箓[①]官护送入梅山。

行入梅山洞里去，梅山九龙洞里行。
未唱前王便后汉，请唱梅山洞里音。

梅山原在闰洲界，东京案下是龙身。
梅山洞城八百里，行罡作法住梅山。

梅山洞头好景致，两条江水一条清。
山岭洞中不生草，旗山日夜放光明。

又说梅山四界圣，山中常有古人声。
东至北京大海水，水向南边大海流。

① 箓：绘有图案的布帛。绘有神仙的叫神箓。

和口二年梅山现，和口二年[①]鬼作魔。
太上老君来作法，传留正教在人间。

有法之人过了去，无法之人门外行。
化师过了一洞去，逍遥快乐住梅山。

送入梅山第二洞，太上老君坐洞门。
甲乙丙丁为主下，诸君万法尽通同。

梅山洞里好景致，江水湾湾三股江。
化师过了二洞去，梅山殿上有多人。
三条江水归西去，一条大路到西方。

相送化师三洞去，驴山[②]教主铁七郎[③]。
手把铁鎚在手上，洞门立起铁刀梯。
有法之人刀梯过，无法之人不敢行。

法师过了三洞去，旗飞跃跃向前行。
相送梅山第四洞，张教二郎[④]坐洞门。

三元三教三法主，三元教主度师行。
化师常住三元洞，来来往往住梅山。

---

①和口二年：历史上无此年号，歌本传唱至今，疑为（西周）共和二年，即公元前840年。
②驴山：又名闾山，在江西省境内。
③铁七郎：属梅山神系中的“铁家殿”。
④张教二郎：张道陵，东汉末五斗米道创始人，世称“张天师”。

化师过了四洞去，逍遥快乐往西行。
箓王兵马护相送，送入梅山五洞门。

指学先师殿上坐，多少法师殿下行。
指引先师升九天，对坐四大六洞山。
梅山洞中好景致，桃源洞里会神仙。

化师过了第五洞，旗飞跃起入梅山。
相送化师到六洞，接引教主在洞门。
教主指引西方路，来来往往任众行。

化师过了六洞去，条条大路到梅山。
相送梅山第七洞，二郎法主殿前行。

二郎借问化师曰，七里溢田无路行。
叫师只望中条路，莫把错入鬼妖门。

送过化师七洞去，逍遥快乐任师行。
相送化师第八洞，第八桃源洞有名。
九天玄女[①]洞中坐，洞里仙桃新又新。

化师吃过仙桃果，化师吃了不归家。
有名便住桃源洞，无名难见老梅山。

① 九天玄女：亦称“玄女”“九天玄女娘娘”，中国古代神话中的女神，后为道教所尊奉。

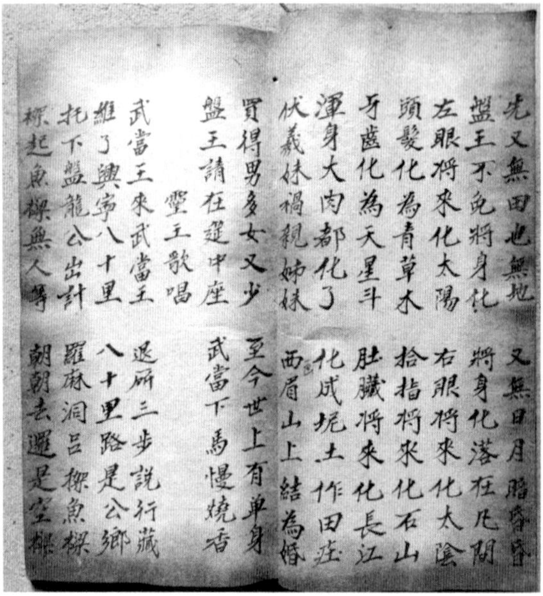
先又無田也無地，又無日月暗昏昏
盤王不免將身化，將身化落在凡間
左眼將來化太陽，右眼將來化太陰
頭髮化為青草木，拾指將來化石山
牙齒化為天星斗，肚臟將來化長江
渾身大肉都化了，化成坭土作田莊
伏羲妹禍親姊妹，西眉山上結為婚
買得男多女又少，至今世上有单身
盤王請在筵中座，武當下馬慢燒香
盤王歌唱
武當王來武當王，退爾三步說行藏
離了興寧八十里，八十里路是公鄉
托下盤龍公出計，羅麻洞呂椤魚椤
椤起魚椤無人得，朝朝去邏是空椤

西岭镇新合村《盘王歌唱》歌本 / 莫纪德 摄

2. 三江乡之梅山歌章（一）

（1）进梅山歌

北方出得李家子①，拜师学法入梅山。
天下结为三十六教，安名有姓李都衙②。

三十六人③齐下拜，当管拜引入梅山。
才方进到梅山洞，便行四路大家行。

① 李家子：指春秋时李冉。
② 都衙："都"，督促、统领；"衙"，衙门、衙殿。"都衙"指统领某神殿的教主。
③ 三十六人：梅山教中的梅山教主共36名。

请得管人引到洞，学得道路过神间。
去到阴间地半月，便到信州龙虎山[①]。

信州龙虎天师教，教主拜师随路行。
入进梅山去学法，国中金阶是石山。

心清口清过得洞，心若不清不得行。
三十六人齐下拜，先师转到进梅山。

教主借问女清路，龙发玄车便言行。
五百岭泥深过不得，便从水路入梅山。

有福岩门光亮过，无福岩门不得行。
入到梅山第一洞，门前有个好深岩。

川水并从岩里出，学法敕符水上行。
岩门水深千万丈，都随州路入梅山。

入到梅山第二洞，龙山寨水不得行。
三十六人齐下拜，齐心学法入梅山。

入到梅山第三洞，龙山塞洞不能行。
梅山教主来传法，学法尽有南狱山。

① 龙虎山：中国道教名山，在江西省贵溪市西南，为道教正一派发源地。

南狱山高千万丈，仙桃玉果满头生。
仙桃玉果无沙数，放得石船水上行。

学法赛阳十九口，放得金桥水上行。
梅山教主来点法，散头为兵收白幡。

第二脱头安手上，第三脱头脚上行。
第四剑刀吞下肚，学得渔船同路行。

猪头便是人头面，移花种果面前生。
便变中兵引出教，洞方北山引都衙。
并变中兵引出教，统兵北方李都衙。

（2）出梅山歌
三十六人齐下拜，安排拜引出梅山。
郎到西边第九洞，拜请仙师不阻拦。

帕头放下成洞鸟，腰带变成蛇子斑。
札口先师不敢阻，脱头脱脚上前行。

三十六人齐下拜，大家脱脚上前行。
三十六人齐下拜，有手无脚向前行。

睡到天光便到起，关起蛇中难便行。
李十五郎为铁脚，自笑一声也不难。

谢得天上一只鸟，斩头斩脚向前行。
变得大虎来承脚，留下名声在世间。
世代传留灵现圣，香炉脚下自都间。

梅山连着魔鬼国，四边尽希是石山。
日夜金鸡驴马叫，琵琶箫管吹对笙。

又入梅山看洞府，北方生景好仙岩。
罗隐念书百鬼散，天师炼药救凡人。

法主置碑为住处，阳州行兵收北幡。
阳州铁家三兄弟，除神破庙为凡间。

传法来到中法国，岭南高王会歌处。
收坛结果都阳篆，马都飞剑路遥清。

唐葛将军三兄弟，同在三间殿上行。
身上有条三十六，伏得将军是地行。

南蛇教主三兄弟，当初学法共梅山。
捉得南蛇吞下肚，伏得南蛇衙上行。

八万斩蛇阳十四，弟兄两人共母生。
阳州得病身上弱，收得邪鬼送下滩。
梅山便有梅十姐，女兵过了便收坛。

便有仙童七十二，姐妹正希南岳山。
梅山便有梅十姐，女兵过了便收坛。

便有仙童七十二，当在三春殿上行。
梅山歌词便唱了，存留洪福在厅头。

送亡人进梅山歌
冲过寒关无阴隔，阴阳相送老人行。
老人得道往西去，众师相送老人行。
当初学法同相会，谁知今日各分程。
老人不爱人间事，逍遥快乐入梅山。
棺前孝子哀声哭，感动众人泪两行。
仙童玉女前头引，梅山法主护相[illegible]
[illegible]前鼓[illegible]送，本度师主引前行。
坛前兵子[illegible]，旗号[illegible]进梅山。
送入梅山第一洞，石岩[illegible]水九重[illegible]。
白日听闻人欢[illegible]，夜了亦有人吹[illegible]。
送入梅山第二洞，牛[illegible]架桥[illegible]路难行。
有法之人过得去，无法之人住梅山。
送入梅山第三洞，黄龙吐水不通行。
无法之人低头拜，拜下黄龙[illegible]路行。
第四洞中有石壁，住在半天石壁头。
有法之人过得去，无法之人[illegible]路行。
第五洞中有石壁，四周石壁[illegible]

三江乡三江村《送亡人进梅山歌》歌本 / 莫纪德 摄

（注：三江间梅教《为亡师送梅山》歌章还有《梅山十洞歌章》与《引动大梅山》歌词相同，在此不录。）

3. 三江乡之梅山歌章（二）

（1）老人送梅山歌

且唱梅山四界至，梅山界至古今言。
梅山东至磨石岭，磨石岭上有神仙。

都是仙人磨铁剑，磨剑石上出青烟。
南至东京大水路，水向东流河泊源。

西至鸦国沙罗路，令公[1]昔日过江河。
便是仙娘去斗法，至今出圣李通天。

北至金岛山高大，金鸡玉兔在身边。
太和元年梅山圣，和合二年度阎浮。

第一洞名把铁棒，便是梅山铁尺郎。
问得七郎名共姓，好心引郎见法王[2]。
奉送亡师梅山殿，慢吹一曲过梅山。

且唱梅山第二洞，太上老君坐法堂。
太上老君传符法，便传正法救凡间。

梅山正在阳州界，安平乐县在东京。
梅山离州一百里，行罡作法到梅山。

便说梅山好景致，神仙住处有名声。
四至山头分八面，八山便有一山平。

一山全无生青草，其山一夜亮光明。
梅山河中有四面，洞门四座歇凉亭。

梅山洞中出法水，洞中出水境如清。
弟子行法梅山会，梅山法主便来迎。
劳动行法梅山将，梅山一二请坛行。

---

① 令公：第七洞洞主，在盘瑶中一指唐时李靖，二指三太子哪吒。
② 法王：瑶族宗教中的最高领导者，梅山教中的法王共10位，亦称先师。

清条第三本王主，法主他名铁七郎。
手把铁槌打门户，教主度师有何难，
问你有名是何姓，五更送你到梅山。

神师住在何州县，原居住在是何村。
孝男今日梅山会，直往梅山见法王。

张天法主[①]坐法堂，今日梅山开道场。
便在梅山开法院，诸兵将帅立身边。

龙虎山中传符法，便来传度众师郎。
万占出偷端法印，吹声鸣角天下传。
今宵弟子梅仙会，兵官齐唱过梅山。

第五洞中有法主，钟鼓峦山刘五郎。
峦山五郎法道大，正是三元罡法强。

能去移山会填海，腾空行过是中央。
便在梅山会法主，至今世上永传扬。
今朝超度送仙会，慢吹一曲过梅山。

第六洞中有法主，张后法主正高强。
将剑斩邪并脱脚，教得灵精骑虎见。

当初通天李元帅，至今天下坐州门。
游玩梅山第六洞，当坛唱出周玄坛。

①张天法主：指张道陵，亦称张天师。

便在梅山做法主，梅山法主做法王。
今宵弟子梅山会，慢吹一曲过梅山。

第七洞中梅山洞，洞名叫中杏花香。
九天玄女做法主，流传女法助凡阳。
掌管诸兵八百万，手中执剑斩邪妖。

先前传度妙女法，天平桥上斗赵王。
今朝弟子梅山会，慢吹一曲入梅山。

茅山[①]法主第八洞，董仲先师坐法堂。
十方便是朱砂筑，天下力士护身边。

原在桃源立仙洞，收邪出洞助尧王。
弟子学法梅山会，值吹一曲过梅山。

第九洞中九龙洞，九龙运水上天庭。
龙树医王做法主，传教佛法有名声。

海岸四州来学法，教得四州学法灵。
先与水母娘子斗，水母娘子有水兵。

鼋鼍龟鳖都收了，五海龙王不坐庭。
自古收得精邪鬼，至今菩萨显威灵。
今日亡师送山会，慢吹一曲上梅山。

① 茅山：中国道教名山，在江苏省境内，道教称其为“第一福地”“第八洞天”。

第十洞名灵泉洞，灵泉出水镜如清。
李静先师做法主，叶静先师共一厅。

兵主九年来助法，太岳山里做强梁。
便掌阴兵来助国，敕赐兵主圣凡娘。
今朝赴送梅山会，烦师送去上梅山。

十一洞名南蛇洞，法主便是赵五郎。
茅山五郎同一洞，行罡作法正高强。

五郎法水好灵应，走入南蛇脚里藏。
北岭南蛇长万丈，便吞凡人谁敢当。
永乐三年邪鬼乱，其年同去助尧王。

传教三年真正法，至今救济凡间人。
相送亡师梅山会，慢吹一曲过梅山。

十二洞名五雷洞，梅山九郎坐法堂。
九郎便行五雷法，油锅火炼治瘟王。

传下刀梯剑杵法，凡人求雨叩天堂。
踏上天梯叫万岁，雷王运水救凡民。
弟子修建梅山会，慢吹一曲过梅山。

十三洞名白马洞，飞云走马十三郎。
前面骑马斩邪鬼，五瘟邪鬼走纷纷。

便在梅山做法主，师魂入洞尽逍遥。

莫要慌，莫要忙，十四洞中好行藏。
十四洞名金印洞，法主梅山金七郎。
七郎传度缩路法，百里塞来十里长。

过了梅山十四洞，上有四洞慢商量。
今宵弟子梅山会，慢吹一曲过梅山。

十五洞名天仙洞，玄圣真人开法堂。
掌管天宫地母海，震天动地定阴阳。

元始天尊为法主，行符传法治瘟王。
弟子传法梅山会，鸣角兵马起纷纷。
劳碌诸兵吹一曲，梅山一路同笙簧。

十七洞中五郎洞，行虎真人骑虎郎。
真人传教虎狼法，十方点火满山岗。
便在梅山为法主，除瘟散祸得安宁。

今朝修建梅山会，超升仙境净生方。
有劳太上诸兵众，再吹一曲上梅山。

十八洞名玄天洞，右圣真人坐法堂。
原在武当山上坐，脚踏藤蛇八卦龟。

手中执剑斩邪鬼，后在梅山做法王。
此处四个洞仙人，路远无人到法堂。

学法之人绕得到，法书一夜放毫光。
四十五洞真是法，法书落在江陵府。

来传度在凡间将，梅山石上在中央。
此石方圆万丈宽，收在石头里内藏。

且唱梅山九龙洞，伏虎降龙开法堂。
左圣二郎符法大，拍手下海捉龙王。

威灵龙虎心性恶，真人收禁在西方。
便在梅山为法主，便将符法度师男。
弟子今日梅山会，慢吹一曲上梅山。

（注：以上缺十六洞歌词。在“送梅山”仪式中，还以问话形式过梅山。）

（2）梅山三十六洞歌
送入梅山第一洞，梅山九郎出洞行。
未唱前王并五帝，且唱梅山洞里恩。

梅山出在江陵府，东京案下是郎身。
行法护身去助国，天下诸州自有名。

梅山洞门卯酉向，两条江水一条清。
山岭一世无生草，其山一夜放光明。

又话梅山四界址，山中自有古人声。
东至便到梅山岭，磨石岭上叫三声。

南至北京大海水，水响南流河泊明。
西至北京国滩下，令公过海水面行。

略与小娘两斗法，至今出圣李王恩。
有个金龙高威大，金鸡玉犬叫阵声。

王何元年梅山圣，王何二年庆一光。
从此梅山便显现，亡人从此得安身。

梅山二洞圣在前，太上老君结同年。
甲乙丙丁吾手下，诸般经卷在吾心。

先置道教传天下，后置巫师救万民。
牛头马面来取问，无名无姓便生存。

神师身带三华盖，送入梅山学法文。
孝男孝女哭悲泪，师官一去见梅山。

请条第三本法主，法主他名铁七郎。
手把铁槌打门户，教主度师有何难。

问你有名是何姓，五更送你到梅山。
神师住在何州县，原居住在是何村。

亡师今日梅山会，直往梅山见法王。
张天法师坐法坛，白云四洞起梅山。

礼拜三元为第一，洞里将军个个强。
真引神师一条路，接得神师过洞边。

传法度师来拜见，起脚行程谁敢当。
今日孝男梅山会，送师直往到梅山。

第五书云白头公，案学先生教书文。
身长九尺含六寸，绕过两天六角亭。

鬼谷先生会占卦，教度宾公占得灵。
八八法成六十四卦，知前知后又知阳。
超度亡人送仙会，去到梅山千万春。

六洞高山本有名，驴骡犊牸睡成群。
吞毛吃血五猖鬼，喝尽洞中万鬼兵。

人师学得成罡法，名利求官第一人。
今日亡师梅山会，送到梅山洞里人。

七洞西川教法通，莫教跌入水犀牛。
早超清潭望一望，得见神仙在路旁。

二郎高声便大叫，抽首近前礼法王。
传度人师行正道，天下神人有短长。

劝你二郎开方便，真送梅山十洞王。
今日孝男梅山会，送到梅山见法王。

第八桃源洞有恩，洞口开花新又新。
十八细花你莫弄，只怕性命落虚空。

九天玄女殿上坐，小娘行法最灵强。
当初学得乌龟法，若学女法便成王。

孝男今日梅山会，神师送了见风光。
梅山九郎度师人，明角先生做法王。

十载将军持铁棍，富贵贫穷自有恩。
神师便在洞口拜，托望条路到梅山。

就时就学刀梯法，尽管山中十代云。
超度香坛梅山会，莫叫随落阎王门。

雪山十洞放毫光，龙树法师坐法坛。
问你识书你不识，若问四句去梅山。

四洲海岸来取问，教法之时尽起罡。
你与龙王娘斗法，当初水面转三长。

龙蛇龟鳖教取问，五海龙王走纷纷。
今日超度梅山会，送入梅山见法王。

钱金十一洞一身，一条江水远如沉。
万缘先生坐法殿，李缘先生字字真。

百鸟花园会唱曲，山中便有老蛮精。
传师度法并咒手，起罡行法治邪神。

修养之人仙童引，大家相送入梅山。
今日超度梅山会，直送神师拜法王。

十二洞天祝英台，仙童玉女相送来。
人师问你梅山会，门户二官地不开。

若过添河江渡去，洞里好花你莫摘。
北岭南蛇身丈二，口含邪剑吃人才。

永定二年邪鬼现，收禁南蛇在天堂。
孝男超度梅山会，送师到处法门开。

十三九云洞花园，梅山九郎坐洞溪。
一生一世无烦恼，富贵荣华无人欺。

谢得小娘来引路，烧油放火吾刀梯。
若你神师行正道，留传天下救凡民。

世代转面敬神圣，阴阳两路各分离。
今日超度梅山会，送到梅山礼紫微。

十四金龙洞一门，白马三郎坐洞尊。
修善之人为第一，梅山条路太平春。

传得人师传天下，救人生死不沉身。
香童学得我正法，扶持神王万岁春。
孝男超度梅山会，直送神师到法门。

十五天仙学未完，天仙抽手问缘由。
东伴又闻英台叫，南山孔雀叫愁愁。

学童要学三教法，道教仙法及三尊[①]。
先至道教奏星主，后至吾师救皇民。

释教原来开地狱，打破地狱出牢门。
今日超度梅山会，送到梅山听法王。

十六金珠洞能光，朝朝日日照天堂。
龙在江边船难渡，二郎下海捉蛟龙。

① 三尊：指玉清元始天尊、上清灵宝天尊、太清道德天尊，亦称“三清”“三元”。

他会天罡地府法，亡师一去见风光。
十七洞天是火牛，深山竹木暗愁愁。

大山原有千年暗，有日云开见日头。
百鸟在林见咬叫，荡沙娘子叫心愁。

南斗注生北斗寿，星斗出现不相尧。
九龙吐水来取鬼，病人退得好逍遥。
今日孝子梅山会，送进神师做法王。

十八木林李家传，十殿冥王立两边。
万丈高楼从地起，参见三尊见路旁。

办会将军他来问，正是梅山见阎王。
打开盘缠要钱钞，问你何方何处童。

甜言善语通万福，送到梅山无罪王。
今日孝子梅山会，送往神坛见法王。

十九山中是九儿，年少后生穿白衣。
龙虎斑花两边住，引魂童子走纷飞。

右一三清便道士，问你后头有几人。
不色之人便连子，回头说出你原因。
当初配带三元圣，桃霓离乡别了儿。

二十雪山洞有名，飞龙叫子唱三声。
东都望见西都石，金鸡亦像凤凰凰。

水面动起山头叫，画眉树上叫叮咛。
山猢日日游江叫，官员宰相坐朝廷。
五岳面前叫鬼去，送你香童到梅山。

廿一渡船洞能深，山中木叶落纷纷。
洞里旗头色色起，个个将军丈二身。

唱歌弹曲接亡去，休要堕落你童魂。
有缘得过白竹岭，无缘便落送沉身。
二十四孝报天地，转身行孝养育恩。

二十二处排洞名，文武官僚贺太平。
百鸟画眉游山叫，猿猴提送师童身。

桃花洞里无沙数，后生年少叫三声。
腹尸便有三条路，二郎打网见师童。
花开树上太阳出，风吹落地暗蒙蒙。

廿三梅山洞在前，乱广二年问牢门。
罗隐秀才提诗对，起度神师见梅山。

上山猿猴一半话，深山百鸟叫二声。
望见梅山一条路，仙童引拜你先师。

靖康元年九月内，救若天尊同化身。
廿四河堰暗蒙蒙，一条江水九条龙。
董永卖身救父母，丁兰刻木作爷娘。

贞观二年洞出现，眉娇眼细好仙娘。
一条江水清如镜，不知哪处有蛟龙。
若去梅山路遥远，拜告玉皇放光童。

廿五朱砂洞在前，鸳鸯吟诗叫少年。
唱歌欢曲来接引，超度神师见法王。

山中自有千秋树，千般百雀树头眠。
男女哭得肝肠断，判超亡师到梅山。
若有银钱度得过，梅山教主放毫光。

廿六洞磨王本是凶，白头老翁坐洞中。
复拜老翁一条路，野叉将军把截凶。

山高岭险无处住，引兵娘子说言章。
把簿判官来问你，送你神师见法王。
邪魔小鬼不怠你，过了大石到梅山。

廿七太山本有名，牛头马面问原因。
秀才洞前吟诗卷，便法王殿下纷纷。

有钱得渡梅山去，无钱恶鬼便生吞。
生来不入何皮地，原入梅山万万春。

廿八古员洞里仙，世代转回出蛮王。
黄牛难犁万田数，猿猴山官怎计钱。

田亦不耕地不种，绫罗衣衫满身装。
三元路上人不断，过了血湖是梅山。
大海便有铁船渡，直过洞游礼三元。

廿九地官说是非，秀才洞口便题诗。
有一高头好大马，劝你神师你莫骑。

地官洞门有一庙，香童执简便加持。
一保亡人身自己，莫教魂魄落空亡。
殿下有名为第一，梅山色色有红旗。

三十鸡冠洞歌完，梅山古吾闹喧喧。
奈何江畔人无数，地狱牢官问讨钱。

声声问你何名字，将军一路到梅山。
若人犯着牛头鬼，自家牢里哭沉沉。
洞里唱声大欢喜，三元领你到梅山。

三一变身洞出名，护命将军洞里迎。
穿衣戴帽盘龙坐，路边便问羽师人。

申奏朝廷通万福，求官亦要你金银。
有钱送你三元去，超度香童到梅山。
今日超度三元会，无钱悲泪哭陈陈。

三二驴山洞有名，任人起脚便行程。
爷娘不望梅山路，扶持梅山见太平。

上亦无兄下无弟，后头儿女泪涟涟。
师男专向梅山路，休灵阻隔不分明。
辞别阳间归阴路，间梅殿上我兵行。

三十三洞是转轮，十殿法王会问人。
日里逍遥得自在，空见声音不见身。

洞吕将军不忿气，罪童方便作身轻。
且问香童你住处，何州何县是何名。
你是何人做师父，何日何时得病亡。

三十四洞起生洞，两只鸳鸯报路程。
神师问他路遥远，不觉行程见太平。

切切数师入洞去，离乡失井到梅山。
日里清闲常自在，把簿判官在两衙。
引旗小娘来送你，去到三元伏治王。

三五梅山养生洞，超度香童万万年。
莫道三元路遥远，要去梅山在眼前。

伴魂小娘来引路，水面南流转空船。
辞别六亲并九眷，三元殿上见风光。
辞了房郎众叔伯，别辞男女入梅山。

三十六洞武当山，仙尊披头坐法坛。
原在武当山上住，年当十四便修身。

四十八年功果满，一日三朝见法王。
披头散发念经卷，脚踏南蛇八卦山。

手中便执七星剑，脚下常行踏鬼罡。
启叫天宫为星主，有神不伏叫天王。

收杀邪妖并恶鬼，至今天下得太平。
我在四国仙人洞，只叹凡人不有心。

总计真罡四十道，传度下界众师人。
三十六洞梅山路，驴山正路在中心。

此石九围九丈阔，神师收在洞中安。
刘道行过石头上，惊破石头开两边。

有人学得破石法，至今天下便流传。
回到家中捡开看，捡开看见是真罡。

将去治龙龙便伏，将去治虎虎便降。
方可得知法书现，留传天下众师男。

今日孝男送终会，差兵护送到梅山。
生是三元殿下子，飞入梅山兵马行。

笛子好吹鼓好打，好歌唱运出梅山。
出了梅山杨十九，九郎引进护兵行。

出了梅山撒转马，收魂归去我归还。
法诀留传在世上，文书收什发归男。

名字留与师男叫，孝男家宅旺千春。
牛马六畜栏中宿，猪羊对对养成群。

田塘家宅都抛弃，儿女都抛在世间。
六亲九眷齐嗟叹，妻儿男女叹无番。

今日送山赞运我，好声唱运我回还。
男女庆贺拜中我，我去阴间不管凡。

吩咐孝男并孝女，好生孝顺四邻人。
相来孝顺重重起，莫教行恶败家贫。

劝你勤耕讨得吃，莫教懒惰不为人。
是非贼盗休莫惹，莫教败你一朝身。

死去阴间转不得，一去千秋不回头。
今日超度梅山会，孝男送我上草山。

一去阴间难得转，回归勘好守香坛。
直到清明人祭设，保求孝子发千年。

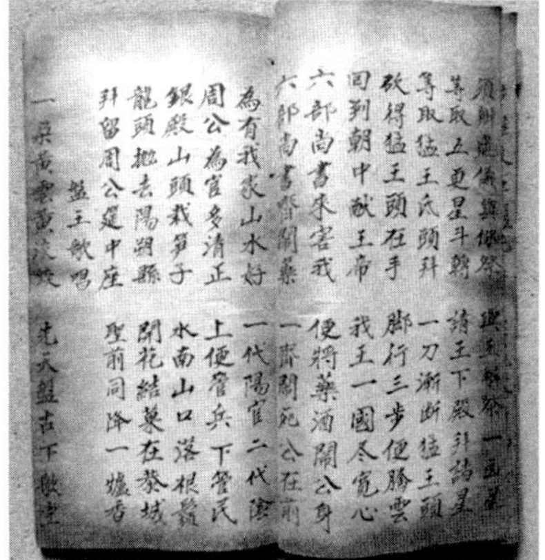

西岭镇新合村师公歌本 / 莫纪德 摄

（四）周渭歌

1. 唱周王

（西岭镇陈绍堂讲唱，莫纪德搜集）

凡人不知公出处，我公出处有根由。
凡人不知公贵姓，用子作口公姓周。

周公少时无父母，送与唐家人看牛。
看牛去到盘头石，连忙扯草去搓绳。

草鞋未成牛回屋，日头渐渐落西天。
草鞋收在盘托石，老鼠咬断四根绳。

周公当时生了气，扛起锄头挖鼠坑。
便将鼠儿用棍打，四脚踢出好文章。

刘蕴相公旁边过，见得踢出好文章。
刘蕴相公对公说：我今要你进科场。

周公当时科场去，立时编写好文章。
文章提到科场去，皇榜题名公在前。

皇上当时封官职，周公不愿把官当。
宁愿平民当百姓，无忧无虑做平民。

当时猛王要造反，要来杀占我中原。
皇上连忙出圣旨，谁人领旨去承当？

周公当时去领旨，周公领旨去征王。
皇上问他带兵多和少，我公回答个人当。

周公当时一计上，身穿道衣往他方。
去到猛王国中去，当时扮作一先生。

王语给我把命算，我王犯上遇凶星。
哄倒猛王低头拜，一刀斩断猛王头。

斩得猛王头在手，脚行三步便腾云。
将头献与我皇上，皇上赐我惠烈王。
不做人王一代过，我做神王万万年。

（讲唱人：陈绍堂，西岭镇费村岭脚屯人，道教二戒师公。2010 年 92 岁故。莫纪德采集于 2003 年 5 月 21 日。）

恭城周渭祠门楼外景 / 莫纪德 摄

2. 周王唱

（西岭镇新合村盘华保提供，莫纪德搜集）

白马过街周衙吏，敕封都堂衙吏公。
凡人不知公出处，我公出处有根由。

家住湖广茶城县，地名路口谢家村。
凡人不知公出处，用字作口公姓周。

家母后头吞口水，立时花朵上娘身。
永静年间五月节，五月初五午时生。

谢家老师来解秽，安名叫作周得臣。
渐渐年登得七岁，不觉父母便亡身。

周公家寒无父母，便与唐家人养牛。
放牛去到盘蛇石，连忙打草去搓绳。

草鞋未成牛回屋，太阳不觉落西山。
草鞋收在盘蛇石，老鼠咬断四根绳。

周公担锹便去挖，捉将老鼠问缘由。
罗隐秀才骑马过，听闻召奏有巧计。

一举登科公第一，虎榜标名公在前。
除受江西为通判，后来衙马闹衙池。

不觉海番猛王反，要来侵占我朝中。
皇帝出榜朝门挂，问人有道去收王。

周公自知身有道，就时领榜去承当。
皇帝听得心欢喜，差兵十万助公行。

脱下盘龙公出计，就时装作一先生。
头戴金盔做道士，游游去到猛王前。

需办筵仪与你祭，与王解祭一凶星。
等到五更星斗转，请王下殿拜诸星。

等到猛王低头拜，一刀斩断猛王头。
砍得猛王头在手，脚行三步便腾云。

回到朝中献皇帝，我王一国尽欢心。
八部尚书来害我，便将药酒闹公身。

六部尚书齐闹药，一齐闹死公在前。
唯有我家山水好，一代阳官二代阴。

周公为官多清正，上便管官下管民。
银顶山头栽笋子，水南山口落根须。

龙头抛去阳朔县，开花结果在恭城。
拜留周公筵中坐，圣前同降一炉香。

（盘华保，西岭镇新合村高界瑶人，1948年出生，为过山瑶正一教二戒师公。《周王唱》摘自其还盘王愿唱本。）

（五）交趾歌

1. 交趾歌（一）

（莫纪德搜集）

一便（片）乌云四片慌（飞），大朝众娥（偶）共商量；
大齐[①]商量了，渐渐受人就离乡。

得见大朝官反烂，十分难住又难安；
出路无盘费，也着（得）走交枝（趾）。

搬家出门多愁忆，十分愁忆路头长；
半路无家住，妻儿男女睡市坪。
行出路头无方便，饱多饱少无人知；
姊妹脚又痛，朝哺夜晚泪涟涟。

一片乌云四边飞，大朝众娥赴交枝（趾）；
出路多愁忆，愁愁忆忆无人知。

① 大齐：方言，大家。

得路受（就）行平乐府，象州过了到柳州；
过了柳州路，大船撑过不闻忧。

行过一州又二县，来兵（宾）过了又迁江；
过了龙虎渡，遥遥远远到田州。

过了田州到白（百）色，三街四巷好风流；
姊妹齐停下，齐齐停下好宽油（游）。

一片乌云四边飞，大朝众娥赴交枝（趾）；
过了广西，八（剥）碍（隘）见云南。

条路游游到富州，鸡巷犬街到高街；
又问头塘路，开府在眼前。

行过兰泥三家店，大南西过小西南；
到了西南口，大河洪（红）水满江流。

姐妹相邀请船子，谁知钱子使钱多；
使了锡钱钞，渡过洪（红）水河。

不过黄河不死心，过了洪（红）水正甘心；
姊妹问行远不远，慢金山过猛华山。

南梁南柳广山水，南华猛犸大山头；
姊妹安居世不愁，那罗离[①]。

一片乌云四边宽，齐齐定下万言山；
又住猛洞山头好，竹瓦盖屋好安居。

修山斩岭种禾熟，收禾收得万和千；
一世不愁忆，三仓未了四仓添。

寄书传报大朝娥，齐到交枝（趾）世不忧；
乌鸦飞来郎寄信，燕子飞来郎寄言；
寄信传报大朝娥，齐到交枝（趾）好过年。

撑船过海离了岸，担伞出门离了州；
因为当初公爷不置平田地，也着抛心外国游。

撑船过海离了岸，担伞出门离了州；
因为公爷不置平田地，不奈何时离了娘。

人传交趾百样好，众娥搬家随路寻；
千里开田来就水，万里抛心来就山。

交趾山林无万阔，里头藏得万由人；
串心也有拾日路，行过四围一月还。

① 那罗离：尾腔。

交趾山头多广阔，春到听闻百鸟声；
空闻催春不见面，空见山头木叶青。

催春鸟，也会催春也会飞；
催春更催人有娥，莫催单身心里思。

交趾山林多广阔，千重岭过万重山；
安南便是黎皇殿，安边海里出盐田。

春茎也作双也念，春花也收双也收；
六月修草木横坐，邀妹唱歌秋过秋。

传报大朝众姐妹，莫在广西抵肝饥；
不如齐到交趾国，白饭饱人不了时。

齐到山头好安乐，一年耕种二年藏；
三年四岁牒禾卖，接得银钱慢讨双。

刘三歌词都报尽，大朝众娥听歌章；
不信便在广西道，信者齐来共一乡。

大朝江种掭败了，早早商量思路寻；
再等几年无钱钞，子子孙孙难起身。

大朝江掭种败了，四季赶春不得眠；
春过秋来冬又到，好双过路也难连。

苦叹苦心焦，备办盘钱出路遥；
早早行来得安乐，莫听人传朝过朝。

大朝午未年间着水荡，水荡泥坡下广州；
众娥空思又空忆，种一年耕种半无收。

众人文状都奏尽，不见雨来双泪流。
申酉年间天大旱，七月求天不上云。

众人苗禾焦枯了，天赐一分心便宽；
传报大朝众姊妹，莫嫌修路远那罗离。

到交趾，架锅无米慢想思；
交趾地头真是好，不忧耕种那罗离。

好禾行，一岁种禾二岁藏；
齐齐来到交趾国，不愁白米那罗离。

好青山，半年辛苦半年闲；
初到山头有出处，也有较计那罗离。

好砍盆，一个换禾三十斤；
三十斤禾添碗半，不愁人担那罗离。

路无长，朝去夜回归本乡；
初到山头无酒饮，斩粉斩蒂那罗离。

西岭镇新合村过山瑶祭庙跳铳鼓舞 / 莫纪德 摄

造酒浆，饮了迷迷睡到光；
吃肉便来交趾有，三日无荤当一年。

山牛山猪倒不尽，倒杀象儿肉二千；
爱连好双交趾有，贪唱歌词连好妻。
坐落大朝多愁忆，年年辛苦那罗离。

也无收，夫妻男女泪双流。
不如齐到交趾国，逍遥快乐那罗离。

能通升，寄信大朝报众人；
坐落大朝不安乐，年年受害那罗离。

不奈何，铜钱又着铁钱磨。
齐心行到交趾国，黎殿京上那罗离。

去求官，求得官多立县门；
众人立州又立县，做官做府那罗离。

得太平，多见瑶官立县门；
大朝申酉年间出贼盗，劫村劫寨那罗离。

不太平，人民告状入州门；
官府出差捉贼盗，贼人走散那罗离。

害人丁，有理无钱审不清；
漫游游，出世未曾到别国。
众人来到得安乐，好山好水那罗离。

肝里通，书中寄得好言语；
齐共法请法水翁，共祖子孙黄通鉴。
将来书字打开看，细心读看那罗离。

好子孙，造书寄信把人传；
去者之人听歌曲，也有不去那罗离。

莫乱谈，写书容易造言难；
千般言语都报尽，随人心意那罗离。
到交趾，千人得见万人思。

［这组歌由广西少数民族社会历史调查组于1956年在广西金秀大瑶山采集，1983年载入《广西瑶族社会历史调查》第一册《广

西金秀大瑶山瑶族社会历史调查》，恭城瑶族研究学会《恭城瑶学研究》第十辑于2013年转载。《交趾歌》是原住在广西恭城东乡的盘瑶迁往交趾（今越南）洪水洞、万言冲（或作万言山、万云冲）以后，托人回广西邀约同族，齐赴交趾安居的歌和信。]

2. 交趾歌（二）

平乐府管恭城县，坐落东乡住头年；
难为通界寄信到，仔细思量双泪淋。

齐共法清共法水，法明法钱共州连；
当初本是共炉香，世金（今）分散二炉烟。

刘三传报共榜众，再寄信归报到真；
真言写信报真仔，正好搬家出远寻。

搬家银钱费空了，搬到众榜遮顾人；
众人有心遮顾子，子子孙孙慢谢恩。

黄灵二郎会造曲，造歌造曲寄人传；
传报共榜众姐妹，得子到边齐共林。

郎今便是聪明仔，造出金言传世间；
一卷歌词话不尽，留来传古到如今。

［这组歌是以前住在恭城东乡（今莲花镇势江至龙围村一带）的盘瑶，接到了迁往交趾同族的寄歌（《交趾歌》之一），由于原来所筹集迁徙路费已经花光，因而不能实现已经迁往交趾洪水洞、万言冲的同族的邀约，同赴交趾，便作了这首歌以纪念其事。用意无非是要使这重大事件，能借歌词，传于后人。盘瑶每遇重大事件，往往作歌纪实。歌里提到的送信人通界，即交趾歌里的黄通鉴的别写。盘瑶中“界”与“鉴”同音，瑶语译为汉文，常有不同写法。］

3. 交趾歌（三）

松烟点纸从根诉，酬恩不得怎交开；
柰[①]在清朝缘由禀，平乐荔浦共广西。

又共山河共本寨，如同祖内共姑奶；
黄獭地头共耕种，细小少时同一奶。

齐在广西苗为长，美（没）未半句起心歪；
千世同帮齐不限，只图同伴要年排。

飘游途中多苦难，火点齐熔死葬埋；
二等荣华投两分，一世贫穷在没才。

磨炼千回过州府，四十五日到波街；
游落安南浮沙国，喜了心中为望倪。

① 柰：你。

节时荒忙各寻处，就如广鸟各分排；
分散龙唐龙为赛，寻卖黄颂半赶街。

帮手长年乃辛苦，难为度本过州来；
修道龙蛇接书字，犹如抛凰叹年来。

自从接书来游谢，蒙了恩深榜上排；
看情可有千般量，前去者良帖地批。

龙皇便散千金宝，荣华富贵能京才；
考举红鸾休莫话，不能中榜出朝牌。

不被前朝之夏事，运远运世守孤妻；
前赐金论苗不舍，不能转本就同妻。

瑶族长鼓舞 / 莫纪德 摄

榜眼状元前中定，周全文武两边排；
贫寒秀女谢情烧，为见舍情不会慢。

丑号磨砂菊引纸，付情曾道半天师；
抛下情由休莫听，长黄老者一盏油。
塘里寒鱼有年纪，半百之时怕孔林。

不会写，不会造言字不清；
从小未敬孔夫子，乱造三千初学情。

照古老言抄上纸，后世人传莫笑单；
交趾歌言传世上，但造一言人世看。

[该组歌是迁往交趾（今越南）的男子写给广西情人的一首“寄歌”。]

婚姻歌

婚姻歌简介

恭城瑶族人婚姻主要有娶亲婚和入赘婚两种形式。娶亲婚，对家主而言俗称“娶媳妇”，对娶亲男子而言俗称“娶新娘”“讨老婆”。歌堂也有两种形式：一是唱《新娘歌》，或称《媳妇娘歌》《哭嫁歌》。“哭嫁”，汉族以哭为主，瑶族以唱为主，保庆的瑶族有专门的“媳妇娘歌”曲调，在势江源区域用的是八甲调或本地调。二是唱《新郎歌》，也称《贺郎歌》《婚庆歌》《花烛歌》等。入赘婚，对男方而言俗称“上门（倒插门）”“就亲”；对女方而言叫“招郎”“招婿”。在瑶族特别是过山瑶中，入赘婚占比较高，婚礼简单，摆歌堂也很少（女方少、男方无）。婚姻歌不是所有家庭都唱，而是根据主方经济条件、家主喜好，以及时势而定。唱歌时间，女方有一到三晚，出嫁前连唱多晚。唱歌有两层意义：一是唱歌和礼仪的传承，以老带新，有天赋的女性历练几次唱歌水平优秀的成为歌师，一般的成为歌伴；二是赶制女工，女工指的是缝制新衣、挑花刺绣、绩麻搓线、订线做鞋，这叫作“一搭二就”、一举两得。男方唱歌一般是一晚。夜晚酒席散罢，主家在堂屋摆起歌堂：摆上桌凳，放上瓜果茶水，燃起火炉，而后请亲戚朋友，双方歌师、歌手入座。势江源地区约在晚上9-10点开始由主家起歌堂，一小时以后对方才接歌，然后双方对唱，一直唱至天明方散。“贺郎歌”为保庆人所独有，有专门的曲调。《贺郎歌》于晚上八九点开始，11点结束，即“送郎入洞房”。唱《贺郎歌》的歌师有2-4名，分成两方，以便对歌。其他歌手若干，多是附唱“岭落鲜花令罗令，岭罗鲜花贺新郎”。

《婚姻歌》共收入歌词796首，分为三类：一为《新娘歌》，共收入观音乡、栗木镇、三江乡的媳妇娘歌；二为栗木镇泉会村的《贺郎歌》，其中有《引郎歌》《贺郎歌》《送郎歌》等内容；三为势江源的《恭贺新婚歌》，采集于莲花镇黄泥岗村和三江乡，反映出同一流域不同辖属的文化共性与个性。《婚庆歌》完整地记录了婚庆歌堂的每个环节和歌词内容，无论从研究还是传承方面而言均是可贵的。

（一）新娘歌

1. 媳妇娘歌

（观音乡水滨村黄乾合讲唱，蒋礼发搜集）

玉霜守节一段事，一十六回表分明；
家住淮安的人氏，柏家庄上是家门。

柏连文来是他父，李氏夫人是母亲；
谁知生母亡得早，后母侯氏传成人。

年方十七成长岁，三员九列女佳人；
此女生得多伶俐，如同仙女下凡尘。

父亲为官长安地，许配罗焜果是真；
许配罗焜为妻子，未曾过门是真情。

他有表哥多奸诈，名叫侯登是他身；
便与姑娘同居住，照看柏家的事情。

一见玉霜多美貌，要想与她结成亲；
一来就凭她美貌，二来想她的家门。

屡次将她来调戏，玉霜小姐不顺情；
她本是个贞烈女，朝日在房不出门。

家有粉装楼一座，小姐住在里内层；
哪时不见人和面，侯登无奈好伤心。

不料罗家遇了害，满门抄斩不留情；
走了罗焜与罗灿，天下行文拿他身。

此信传到淮安去，侯登贼子得知音；
便与姑母来商议，要谋表妹去成亲。

侯氏上楼去通信，说出罗家有难星；
玉霜听得心烦恼，气倒尘埃不起身。

侯氏上前来扶起，将言几句劝她身；
思想罗焜逃出外，不能与他再相逢。

我今将她来改嫁，另嫁一个好郎君；
玉霜连忙来答应，母亲说话不中听。

好马不配双鞍子，烈女不嫁二丈夫；
夫主罗焜心未死，自然有日来相逢。

侯氏见她心肠硬，只能退走下楼庭；
玉霜将衣来改下，换过孝衣泪淋淋。

安排香烛并纸钱，花园去祭姓罗人；
哭祭凄凄秦氏女，阴间保佑你见身。

玉霜相祭多一会，闷坐花园上面存；
观看日月如梭样，思想罗家不团圆。

侯登他到花园内，看见小姐在花园；
便将花言来讲起，打动玉霜心内情。

月缺十五团圆会，人缺不能再相逢；
表妹终身无靠处，何不我俩结成亲？

玉霜听得心大怒，大骂侯登不是人；
你若想我成双对，铁树开花慢慢等。

侯登被骂逃出外，走入小姐房内存；
将身躲在床底下，等候玉霜到来临。

玉霜哭祭回来了，转去楼上来安身；
侯登走出床前面，强行小姐要成亲。

玉霜见了高声叫，大喊楼上有贼人；
惊动数人和使女，齐到楼上看分明。

侯登这时忙逃外，将身滚下楼下存；
玉霜小姐心中恼，将事说给母亲听。

侯氏夫人心偏护，反骂玉霜不是人；
玉霜被骂心中恨，气得三魂丢两魂。

左思右想心中怨，要寻短路见阎王；
等到半夜人睡尽，松开楼门往外行。

来到母亲坟墓上，哭祭一番把话言；
女儿所被侯登害，自愿寻死了节名。

便将腰带来解下，吊在树上命归阴；
该因玉霜不绝命，黑夜来了一救星。

救星不是别一个，名叫龙标是他身；
朝日上山打老虎，那时半夜回家门。

前往李氏坟墓过，看见小姐吃一惊；
便将玉霜来救下，带回家中见母亲。

玉霜得救命归转，就拜龙母做母亲；
又与龙标来结拜，当如亲生兄妹情。

玉霜不敢回家去，就在龙家躲其身；
不言玉霜龙家事，再说柏家府内情。

到了次日午时候，不见小姐在楼庭；
家庭使女慌忙了，报与夫人得知因。

观音乡水滨村保庆瑶族歌师黄乾合 / 莫纪德 摄

侯氏夫人忙不住，四方一寻不见人；
便与侯登来商议，要将此事盖其身。

侯登便把主意摆，假报小姐伤其身；
买副棺材来收殓，请僧超度上山林。

玉霜他在龙府内，又看龙标到家门；
打听侯登一件事，回家报知小姐听。

便将此事说一遍，玉霜听得好伤心；
反将言语来遮盖，报知父亲姓柏人。

侯登那日上街去，吃酒回家夜已深；
酒醉不往大路走，便走小路回家门。

玉霜出门观月景，相逢侯登到门庭；
两人相见心胆战，各人退步走回程。

玉霜走回龙家去，战战兢兢面色青；
龙母见了忙问道，玉霜只得说真情。

说出侯登见了面，明日必定要来临；
龙母向前来答应，叫声小姐放宽心；
将你藏在单楼上，任他搜寻不见人。

侯登转回柏家去，睡了一夜到天明；
次日起来再思想，将情说给姑母听。

侯氏夫人将言说，想必未死在他门；
吩咐秋红去查访，走到龙家看分明。

龙母不说真情语，秋红两眼泪淋淋；
龙母不讲真情话，不敢再去访她身。

秋红等到人入睡，收拾行李与金银；
偷了两件男衣裤，连夜转到龙家门；
送给小姐来穿上，女扮男装去逃生。

辞别龙母登程去，镇江去投舅母亲；
后来罗焜长安会，夫妻相逢得团圆。

2. 新娘歌

（观音乡杨才明搜集）

一座堂屋四四方，八仙桌子摆中央；
两边坐的红花女，中间坐的是媳妇娘。

堂屋香火一炉香，先拜我爷后拜娘；
先拜我爷养我大，后拜我娘睡湿床。

睡烂三床细棉被，包烂几多细布裙；
天晴拿出日头晒，雨天再把收回屋。

一天吃你几道奶，三天三夜九度浆；
我娘不是长江水，不是井水吸不干。

一根甘蔗十八节，我娘养我十八年；
我娘养我十八岁，从没在家耍一天。

今日娘陪高堂坐，大红花轿在门前；
猪头进屋娘欢喜，轿子进屋娘又愁。

堂屋中间一对金，打对金花来定亲；
我娘定我三年满，我爷定我九年前。

头上金钗大哥打，手上戒指二哥妆；
三哥妆我红箱篓，四哥妆我银板箱；
五哥妆我五色带，六哥妆我六色裙；
七哥妆我七床被，八哥妆我一对黄；
九哥妆我一匹马，十哥妆我马上鞍。

十个哥哥妆全了，看我嫂嫂妆哪行；
十个嫂嫂十双鞋，十双花鞋手上来。

十个嫂嫂妆齐了，看我爷娘妆哪行；
我娘妆我纱蚊帐，我爷妆我龙凤床。

龙凤床上金鸡叫，金鸡早叫早离娘；
往日离娘三五夜，今日离娘六十年。

3. 媳妇娘歌

（栗木镇大合村唐金秀、大营村刘青讲唱，栗木镇田明月搜集整理）

（竹叶黄）
竹叶黄，竹叶黄，
竹叶落在海中央，
哎，海中央；
哪个捞得竹叶起，
竹叶起；

捞起竹叶起歌堂，
哎，起歌堂。

竹叶黄，竹叶黄，
竹叶落在海中央，
哎，海中央；
姊妹捞得竹叶起，
竹叶起；
捞起竹叶起歌堂，
哎，起歌堂。

月亮光，月亮光，
今夜月亮亮堂堂，
哎，亮堂堂；
姊妹一起把歌唱，
把歌唱；
送我姐妹去他乡，
哎，去他乡。

泪汪汪，泪汪汪，
姊妹情意比水长，
哎，比水长；
从小到大一起耍，
一起耍；
如今分离各一方，
哎，各一方。

情难忘，情难忘，
刀割心肝扯断肠，
哎，扯断肠；
姐姐狠心丢开妹，
丢开妹；
丢开姊妹丢爷娘，
哎，丢爷娘。

莫恁讲，莫恁讲，
男婚女嫁是正常，
哎，是正常；
我家爷娘八字丑，
八字丑；
生朵红花是嫁郎，
哎，是嫁郎。

要会想，要会想，
做人媳妇要善良，
哎，要善良；
不像在家来做女，
来做女；
日晒屁股没起床，
哎，没起床。

妹姑娘，妹姑娘，
落在家里是凤凰，

哎，是凤凰；
到了他家没正好，
没正好；
早晨挑水夜喂羊，
哎，夜喂羊。

妹莫慌，妹莫慌，
莫怕半夜喊天光，
哎，喊天光；
力气用了力气在，
力气在；
多叫夫君帮下忙，
哎，帮下忙。

多体谅，多体谅，
尊老爱幼理应当，
哎，理应当；
早晨倒盆洗脸水，
洗脸水；
夜烧热水叫洗凉，
哎，叫洗凉。

莫主张，莫主张，
大事小事家商量，
哎，家商量；
进了那家为家好，

为家好；
家庭和睦才久长，
哎，才久长。

做好样，做好样，
爷娘教诲切莫忘，
哎，切莫忘；
做好做丑有人讲，
有人讲；
莫给外家脸无光，
哎，脸无光。

妹嫁郎，妹嫁郎，
良辰吉日配鸳鸯，
哎，配鸳鸯；
难舍难分今宵夜，
今宵夜；
一帮姊妹哭一场，
哎，哭一场。

竹叶黄，竹叶黄，
没有几久就天光，
哎，就天光；
喝杯油茶再来唱，
再来唱；
唱到东边出太阳，

哎，出太阳。

（竹叶青）
竹叶青，竹叶青，
竹叶落到海中心，
哎海中心；
哪个捞得竹叶起，
竹叶起；
捞起竹叶起歌声，
哎起歌声。

竹叶青，竹叶青，
竹叶落到海中心，
哎海中心；
表妹捞得竹叶起，
竹叶起；
捞起竹叶起歌声，
哎起歌声。

天上星子亮晶晶，
亮晶晶；
表姐明天要嫁人，
哎要嫁人；
嫁了夫婿有人管，
有人管；
从此没有自由身，
哎自由身。

想起做女好开心，
好开心；
表姐表妹笑盈盈，
哎笑盈盈；
姑姑买饼各一半，
各一半；
舅娘买蔗各半斤，
哎各半斤。

表姐表妹亲又亲，
亲又亲；
同买手帕同买巾，
哎同买巾；
同床共枕多少夜，
多少夜；
吵得笑得心难平，
哎心难平。

怪媒人，怪媒人，
媒人把我老表分，
哎老表分；
若是表姐嫁不好，
嫁不好；
我要找她把理评，
哎把理评。

竹叶青，竹叶青，
竹叶伴歌到夜深，
哎到夜深；
唱到夜深不唱了，
不唱了；
房间姑姑泪淋淋，
哎泪淋淋。

（拜别歌）
一拜父亲恩如山，养大女儿受艰难；
咸酸苦辣都吃过，大恩未报又分散。

二拜母亲恩如山，十月怀胎断肠肝；
辛苦养到十八岁，不得和娘煮饭餐。

（讲唱人：唐金秀，女，瑶族，栗木镇大合村人，已故。）

（讲唱人：刘青，男，栗木镇大营村人，教师，已故。）

（田明月，男，瑶族，1958年7月生于栗木镇大合村。高中文化，1989年任村委会干部，现任村党支部书记。曾在自治区和桂林市报纸杂志发表诗歌、新闻报道等500多篇。2005年加入恭城瑶族研究学会。2014年后出版专著《桂北新情歌》《红颜醉歌》，还与他人合作出版《歌苑情深深》。）

4. 哭嫁歌

（三江乡黄宝川、谢朝登搜集整理）

媳妇娘，媳妇娘，还不开声哭你娘；
挨上一刻轿子到，又离姊妹又离娘。

堂屋中间一架梯，大姐嫁东妹嫁西；
大姐嫁东十八垅，二姐嫁西十八乡。

三姐嫁来没得了，关起房门哭嫁妆；
哭得你娘心里痛，哭得你爷心又慌；
哭得你爷无路了，卖了良田买嫁妆。

灯盏黄，灯盏黄黄照娘房；
照得你娘心里痛，照得你儿是空房。

灯盏青，灯盏青青照娘心；
照得你娘心难过，照见房中已空心。

送妹送到大门前，抬头一望泪涟涟；
往日离娘三五夜，今日离娘六十年。

送妹送到对面山，我和妹妹换金簪；
金簪银簪都换了，眼泪汪汪抹不干。

送妹一里又一里，送妹一程又一程；
回头一看不见妹，眼泪汪汪流不停。

新打戒指梅花梅，妹去别家几时回；
早晨装出眼泪水，江边流水盼妹回。

堂屋中间一蔸藤，细细开花十二层；
我娘养我层层女，细打细吹送出门。

我哥送到三门外，我嫂送到藕池塘；
我在塘边嘱咐嫂，回家理好我爷娘。

天热送到高楼睡，天冷送到火炉旁；
早晨一盆洗脸水，夜晚热水洗脚凉。

早晨一碗荷包蛋，夜晚一碗鲤鱼汤；
莫拿冷茶泡冷饭，莫把冷水敬爷娘。

（以上瑶族《哭嫁歌》流传于三江乡瑶族地区。）

［谢朝登，男，汉族，1954年出生于广西昭平县，1964年入恭城县（今恭城瑶族自治县）三江乡三寨村籍。高中毕业，曾任小学教师、初中教师。2005年加入恭城瑶学会，研究三江伸家瑶历史文化，先后有10篇文章载入《恭城瑶学研究》。］

5. 十杯酒

（粟木镇泉会村卢贤臣提供，莫晓娴收集）

一杯酒呀一杯敬，今日我儿离家门。
舍不得我儿婆家去，母女难舍又难分。

一尺三寸带大你，不离左右不离身。
生得你是男子汉，时时刻刻在娘跟。

二杯酒呀二杯敬，骨肉分离痛娘心。
堂前来了花花轿，后堂坐的是媒人。

本当为你办红嫁，家中贫寒难做人。
为娘奉你一番话，你要时刻记在心。

三杯酒呀三杯敬，儿到婆家要小心。
敬重前代有后代，后代儿孙一样亲。
不信但看檐前水，点点落地不差分。

四杯酒呀四杯敬，丈夫打你莫作声。
夫妻吵架常有事，姐妹之间要平等。

一日夫妻百日恩，百日夫妻海样深。
夫妻好比同林鸟，相亲相爱最要紧。

五杯酒呀五杯敬，妯娌和顺家不分。
大小事情要仔细，忍气吞声少事情。

有事商量莫相骂，家不和顺外人欺。
错事路上回头走，披头散发莫出门。

六杯酒呀六杯敬，我儿生来要干净。
莫等天明早早起，梳头洁面换衣巾。

粗布衣裳勤浆洗，赛过绸缎绞罗衣。
省吃俭用家规好，人人称赞人人敬。

七杯酒呀七杯敬，客人来了要动身。
丈夫堂前陪客坐，你到厨房办点心。

且让邻居说你好，莫让邻居说你醒[①]。
你在家中不迎客，夫在外面怎做人。

八杯酒呀八杯敬，我儿平常爱干净。
堂前屋后经帚扫，前前后后好处身。

男人勤快缸缸满，女人勤快件件新。
一日不扫三寸厚，三日不扫九寸深。

① 醒：方言，傻的意思。

九杯酒呀九杯敬，三餐茶饭要操心。
清茶淡饭合胃口，不硬不烂正称心。

青菜下锅加大火，灶前火烛要小心。
合口合味饭菜香，油盐不能用斗量。

十杯酒呀十杯敬，平和[①]处世成全人。
兄弟平和家常好，妯娌平和家不分。

姑嫂平和事方便，姐妹和顺哭也亲。
亲戚平和常来往，邻居平和事事顺。

为娘敬你十杯酒，你要牢牢记在心。
记得为娘这番话，就能做个人上人。

（提供人：卢贤臣，男，瑶族，栗木镇泉会村人。）

6. 媳娘歌

（西岭镇营盘村伍本姣讲唱，莫晓娴搜集）

问：高山起屋两头尖，中间烧火两头烟，
　　别人笑你茅屋小，小小茅屋出状元。

① 平和：俗语，指心态端正，态度和蔼，还有和睦之意。

答：高山起屋两头尖，中间烧火两头烟，
　　别人笑我茅屋小，但愿茅屋出状元。

问：高山起屋亮敞敞，八仙桌子摆中央，
　　八个金杯摆四路，看你聪明坐哪方？

答：高山起屋亮敞敞，八仙桌子摆中央，
　　八个金杯摆四路，我不聪明坐小方①。

问：桌上摆起十碗菜，看你吃来哪碗香，
　　哪碗里头肉鱼卷，哪碗高头放五香？

答：桌上摆起十碗菜，我是吃来碗碗香，
　　杂花底子肉鱼卷，旗子②高头放五香。

（讲唱人：伍本姣，女，瑶族，西岭镇营盘村茅坪屯人。）

7.（起歌堂）十声

（西岭镇营盘村伍本姣提供，莫晓娴收集）

石榴开花叶连连，今夜歌堂理当先；
今夜歌堂大齐唱，你先开口我答言。

---

①小方：俗语，农村宴席用八仙桌，桌长约120厘米，宽约105厘米，长方为上位，宽（短）方为下位，小方即下位。

②旗子：俗语，肥猪肉切块，黄焖后上席，因呈长方形，故称“旗子肉”。

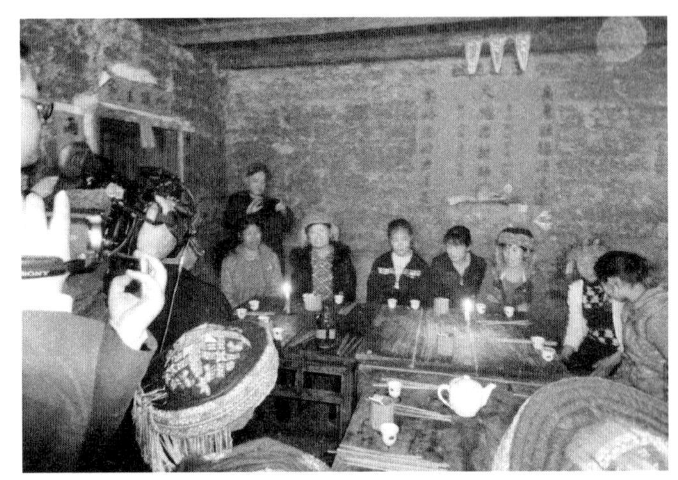

西岭镇新合村过山瑶婚礼，摆“勾挂桌”，唱歌迎客 / 莫纪德 摄

起起歌堂第一声，先有山河谢吉春；
自从盘古开天地，先定山河后有人。

起起歌堂第二声，先有刘三姐一人；
字是孔圣人作起，歌是刘三姐唱成。

起起歌堂第三声，先来惊动主家人；
万丈高楼平地起，水有源头木有根。

起起歌堂第四声，又来请动舅爷们；
舅爷姨娘开言唱，三寸笔毛四寸金。

起起歌堂第五声，惊动家族家眷们；
半做客来半做主，半贺新人陪六亲。

起起歌堂第六声，惊动六亲九眷们；
五湖四海来相会，早开金口贺新人。

起起歌堂第七声，惊动同胞姐妹们；
七仙姐妹下凡来，三个下凡配成婚。

起起歌堂第八声，八仙过海各有名；
吹吹唱唱韩湘子，打马游街吕洞宾。

起起歌堂第九声，九天玄女下南京；
南京修起金銮殿，北京立起宰相城。

起起歌堂第十声，十全十美主家人；
堂屋桌椅轮流摆，一层公婆一层孙。

（二）贺郎歌

1. 引郎歌

（栗木镇泉会村陈远辉讲唱，莫纪德、李成秋搜集整理）

一盏明灯亮堂堂，我到厨房接新郎；
厨房师傅你莫骂，今夜贺郎喜洋洋。

一个堂屋四四方，八仙桌子摆中堂；
我到厨房先接起，你要送郎到中堂。

厨房灯盏亮堂堂，新郎坐在我厨房；
你要唱歌门开了，我马上送郎到中堂。

一盏明灯亮堂堂，我接新郎到中堂；
桌椅板凳摆齐了，两边陪的是夹喜郎。

一个堂屋四四方，一盏明灯亮中堂；
今夜唱歌花烛夜，九亲六眷来贺郎。

一个堂屋四四方，我初上来起歌堂；
若是歌句唱错了，九亲六眷要帮忙。

堂屋挂灯亮堂堂，亲戚朋友坐两旁；
九亲六眷真欢喜，大家个个贺新郎；
落岭鲜花岭落岭，落岭鲜花贺新郎[①]。

①“落岭鲜花岭落岭，落岭鲜花贺新郎”为配唱曲调，歌师唱完两句，众人齐声附唱：“落岭鲜花岭落岭，落岭鲜花贺新郎。”

2. 贺郎歌

（栗木镇泉会村卢贤臣提供，莫晓娴收集）

你唱梁家梁山伯，我唱祝家祝英台；
新郎生得人无麻，好似仁贵配金花。
好似金塘配玉井，犹如仙朵配仙花。

新郎生得一枝花，一无酒痣二无麻；
两朵仙花结成对，早生贵子坐长沙。

新郎生得细悠悠，赛过洛阳花一球；
仙花到了媳娘手，到了手中不舍丢。

新郎生得细悠悠，赛过洛阳花一球；
六亲九眷都来贺，早生贵子坐朝堂。

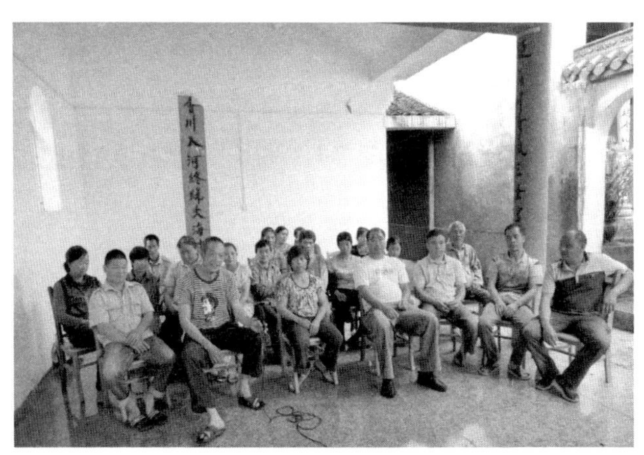

栗木镇泉会村卢贤臣（前排左二）和大家一起演唱《贺郎歌》/ 莫纪德 摄

新郎生得一身青，两朵仙花一样明；
新郎好似许宰相，新娘好似李桂英。

两朵仙花同树生，千里姻缘线作成；
一对鸳鸯结成对，结成鸾凤几千春。

今夜新郎你莫愁，新床新被新枕头；
睡到半夜打一滚，好似狮子滚绣球。

新郎生得细悠悠，新床新被新枕头；
二人结配鸾和凤，鸾凤和鸣到千秋。

新郎生得像枝花，二人结配共一家；
睡到半夜打一滚，好似月饼配糍粑。

一个堂屋四四方，堂屋中间摆抽箱[①]；
抽箱里面有笔墨，新郎拿来写文章。

一对蜡烛溜溜光，照起堂前贺新郎；
恭贺新郎生贵子，早生贵子坐朝堂。

新郎生得嫩悠悠，千里姻缘结配郎；
早早结成生贵子，早生贵子坐京州。

① 抽箱：抽屉。

新郎生得矮陀陀，好似公鸡赶鸡婆；
鸡婆飞到篱笆上，翅膀拍拍奈不何。

新郎生得好英雄，颜庄美貌赛罗通；
二路扫北为元帅，坐在朝廷受王封。

新郎生得嫩葱葱，颜庄美貌赛罗通；
史家美女结婚配，夫妇团圆变成龙。

新郎生得白飘飘，结成鸾凤在今朝；
千里姻缘结成对，好似仙梨配仙桃。

新郎生得十分乖，一对鸳鸯中央来；
夫妇双双正匹配，好似灯盏配灯台。

媳娘生得大如船，新郎生得小连连；
船又大来棍又小，何曾撑得到江边。

一张桌子四四方，两边摆起凳和箱；
上边摆起糖和果，六亲九眷贺新郎。

一张桌子四四方，八仙台上摆麻糖；
花生果品都吃了，猪肝粉肠未曾尝。

新郎生得大如钵，媳娘生得大如锣；
金锣还要金槌打，一声鼓来一声锣。

新郎生得好英雄，好似堂中尉迟公；
尉迟公来为元帅，早生贵子去征东。

新郎生得十分乖，好似靴子配着鞋；
郎不高来妹不矮，好似仙人下凡来。

新娘生得高于楼，新郎生得矮香炉；
妹又大来郎又小，好似新盆才上箍。

新郎生得嫩秧秧，二人结配共一双；
两朵仙花结成对，好似蜜蜂采蜜糖。

新郎生得嫩葱葱，好似乌木配白铜；
白银正配白铜锁，如同牡丹配芙蓉。

媳娘生得高如门，新郎好比小如针；
郎又小来妹又大，大树脚下去遮阴。

媳娘生得高如门，新郎生得细如藤；
妹又大来郎又小，好比猫儿见麒麟。

媳娘生得大如龙，新郎生得小如虫；
媳又大来郎又小，大树头上去挡风。

新郎穿件绒蓝衣，不长不短盖到膝；
不高不矮正相配，好比凤凰配金鸡。

乌木筷子一般齐，郎不高来妹不低；
合合二人正相配，好似太阳配太阴。

一对蜡烛一炷香，燃起烛香贺新郎；
奉请六亲开声唱，唱歌贤友莫离堂。

一对蜡烛两边排，快把贺郎唱起来；
你一句来我一句，唱个莲花朵朵开。

一对蜡烛两边排，唱歌就从口中来；
六亲九眷来唱起，列列唱起莫离台。
两朵仙花一样开，好似仙人下凡来。

新郎生得嫩秧秧，好比金鸡配凤凰；
今世姻缘前生定，前生注定结成双。

新郎生得嫩悠悠，两朵仙花共一球；
两朵仙花共一树，好似红花配石榴。

新郎穿得色色衣，犹如仙女配仙人；
一对仙人成仙配，仙府府同新婚人。

3. 送郎歌

（栗木镇泉会村卢贤臣提供，莫晓娴收集）

去年看见羊上树，今年看见牛生疔；
送起郎来把门摸，如今世界古怪多。

去年看见羊上树，今年才见马生角；
如今世界古怪多，鸡生牙齿马长角。
矮婆山上遇猛虎，公鸡生蛋鱼生脚。

送郎送到大天光，太阳出来点鸳鸯；
一个公来一个母，中央一个做栋梁。

送郎送到大天光，奉请新郎入洞房；
再不开门与郎进，郎心躁来妹心慌。

送郎送到五更中，拜上亲戚与亲朋；
快快开门与郎进，莫挨日来莫挨工。

送郎送到李花开，拜上亲朋莫要挨；
先问一朵梁山伯，后开一朵祝英台。

送郎送到五更中，李花开起桃花红；
恭贺新郎生贵子，早生贵子去征东。

唱得少来陪得多，引起郎来站门角；
到了门角不好喊，轻轻就把手来摸。

送郎送到太阳落，如今世界古怪多；
去年蚜虫变成龙，今年麻雀撼天鹅。

送郎送到洞房中，新郎生得小如虫；
睡到半夜打一想，好似泥鳅变成龙。

送郎送到洞房门，你一遍来我一轮；
不为萝卜不扯菜，不扯瓜棚不动藤。

送郎送到五更天，引起郎来站门边；
快快开门与郎进，好似当今中状元。

送郎送到洞房边，牵牛犁起路边田；
后园犁起桃花井，桃花井里结姻缘。

送郎送到大天明，拜上亲朋与六亲；
打开洞门与郎进，隔江填坝慢为情。

唱起低来陪起高，引起郎来把门敲；
到了门前不好喊，轻轻就把门来摇。

送郎送到五更歇，一对螺蛳有脚脚；
大的还有三斤半，小的还有四两多。

送郎送到五更歇，一对蚂蜴又无脚；
一只公来一只母，两只蚂蜴做一坨。

如今世界古怪多，一对鳅鱼生了角；
长的还有一尺五，短的还有两尺多。

送郎送到春草发，如今世界大不佳；
去年麻雀去打鹞，今年鲤鱼吃黄獭。

送郎送到春草发，如今世界大不佳；
妇人生出男子须，男子生出妇人娃。

送郎送到大天光，新郎脚上鞋一双；
左脚穿的一尺五，右脚穿起尺半长。

送郎送到五更天，轻行细步到房前；
恭贺新郎生贵子，夫妇和睦永团圆。

送郎送到洞房门，送了一程又一程；
引起郎来门边站，好似珍珠塞洞门。

送郎送到洞房门，夫妇团圆贵子生；
文也有来武也有，武的武来文的文。

你一遍来我一轮，贤亲列友莫当真；
若有何处唱不到，列亲丢在两边行。

你一番来我一轮，引起郎来不开门；
若还开门与郎进，早生贵子去求名。

你一篇来我一番，引起郎来把门关；
再不开门引郎进，口水干来歌也难。

急忙开言歌也吉，莫挨日来莫挨时；
早早开门与郎进，万般宜早不宜迟。

年也昌来时也吉，如今正是送郎时；
早早送郎早登殿，早生贵子早登基。

送郎送到洞房庭，两朵仙花月样明；
引到堂前行两步，好似狮子配麒麟。

送郎送到五更天，戒指打起韭菜边；
银子打了三斤半，手工打了三五天。

送郎送到半夜边，打个手圈三寸宽；
錾花錾了半个月，花上点了绿翠蓝。

送郎送到大天明，新郎拿起聚宝盆；
此盆将来有何用，日出金子夜出银。

送郎送到大天明，转身捡根绣花针；
尺子量来一尺五，上秤称来三五斤。

送郎送到大天明，立起摇钱树一根；
此树拿来有何用，日落金子夜落银。

送郎送到大门开，好似蜜蜂飞拢来；
劝郎莫拿衣袖打，是郎姻缘打不开。

媳是蜜蜂飞过天，飞过九州九县田；
九州九县都不落，单单落在郎花园。

送郎送到五更歇，如今世界古怪多；
去年鸭子生鹅蛋，如今麻雀变天鹅。

新郎穿起绒蓝衫，两朵仙花一样栾①；
好歌咏吟来相会，好似紫袍配蓝衫。

正月贺郎才起头，夫妻相和贵子周；
文的文来武的武，文到尚书武到侯。

二月贺郎桃花开，正把桃园唱起来；
桃园洞里出贵子，文官出了武官来。

三月贺郎三月中，正好夫妻正相逢；
惊动六亲与九眷，夫妻相和永兴隆。

① 栾：圆的意思。

四月贺郎贵人结，一对夫妻白如雪；
拜上亲朋早贺郎，莫挨日来莫挨节。

五月贺郎正端阳，正好桃园结成双；
年年有个五月五，正好男女配鸳鸯。

六月贺郎三伏中，莫挨日来莫挨工；
年年有个六月六，结成夫妻变成龙。

七月贺郎是七星，两朵仙花一样明；
不信但看张四姐，依为鸳鸯配凡人。

八月贺郎正团圆，千里姻缘用线纬；
千里姻缘结成对，鸾凤和鸣正当然。

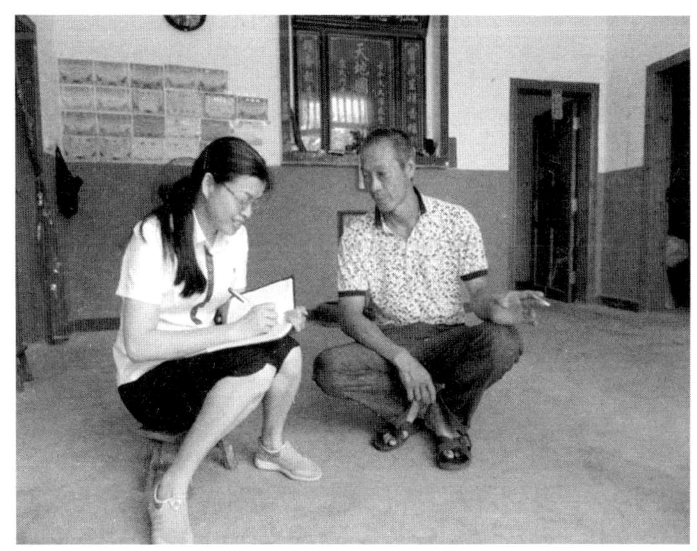

莫晓娴与栗木镇泉会村歌手卢贤臣在一起交流 / 莫纪德 摄

九月贺郎霜降来，拜上亲朋与亲台；
早早贺郎生贵子，早生贵子状元来。

十月贺郎正立冬，快快贺郎去兴工；
世事万般皆宜早，早生贵子坐朝中。

十一月来正贺郎，百般粮草收满仓；
百般粮草都周备，夫妇双双得久长。

十二月来又一年，正好贺郎结姻缘；
恭贺新郎生贵子，人财两发福双全。

一杯酒来贺新郎，拜上新花把酒斟；
新郎吃了头杯酒，早生贵子中头名。

二杯酒来桂花香，恭贺新郎把酒尝；
男一杯来女一杯，夫妇齐眉与天长。

三杯酒来贺新人，满山树木处处青；
恭贺新郎生贵子，早生贵子有名声。

四杯酒来四季长，四杯美酒贺新郎；
亲朋吃了堂前坐，新郎吃了结成双。

五杯酒来五经魁，新郎吃酒且莫推；
新郎饮上五杯酒，五子登科好猜梅[①]。

① 猜梅：行酒令，猜拳。

六杯酒来是六合，拜上新郎把酒喝；
新郎吃了六杯酒，六合同春贵子多。

七杯酒来七月七，七朵新花把酒添；
新郎饮了七杯酒，如同董永配七仙。

八杯酒来是八仙，八仙漂海闹连连；
新郎吃了八杯酒，夫妇团圆寿长年。

九杯酒来是长久，久长万代贺新郎；
新郎吃了九杯酒，好似仙女配仙郎。

十杯酒来百事周，今日良缘百世修；
今世良缘共船渡，前世姻缘共枕头。

4. 贺郎收尾歌

（栗木镇泉会村卢贤臣提供，莫晓娴收集）

新郎生得白飘飘，郎不矮来妹不高；
好似筷子结成对，好似蓝衫配紫袍。

新郎生得白飘飘，好似仙树架仙桥；
架起洛阳桥一渡，千年古迹万年牢。

新娘生得小竹篙，新郎生得大如桥；
睡到半夜打一滚，好比牛栏去关猫。

年也唱来时也唱，如今正是送郎时；
早早送郎早登殿，万般宜早不宜迟。

年也昌来时也吉，莫挨日来莫挨时；
早早送郎生贵子，早生贵子早登科。

送郎送到大天光，日月配合女成双；
十朵仙花开九朵，留出一朵配鸳鸯。

日也吉来时也昌，拜上亲朋早送郎；
早早送郎早登殿，夫妻双双与天长。

唱一支来陪一双，引起郎来站门旁；
何不开门又来唱，唱个日头配月光。

我唱单来你唱双，引起郎来站门旁；
你唱黄龙来入洞，我唱紫凤去朝阳。

新郎生得嫩秧秧，引起郎来站门旁；
引起郎来门边站，不成对来也成双。

新郎生得嫩秧秧，引起郎来站门旁；
早早开门与郎进，早生贵子跳龙门。

你一篇来我一论，引起郎来去敲门；
你唱天子朱洪武，我唱军师刘伯温。

你一番来我一轮，引起郎来不开门；
你唱天地日月久，我唱江山更乾坤。

唱得好来说得明，唱个古人比新人；
你唱当初薛仁贵，我唱反王坐朝廷。

新郎生得矮墩墩，引起郎来不开门；
何不开门与郎进，再不开门鸡又鸣。

道得真来说得明，引起郎来不开门；
打开洞门与郎进，奉请新花配贵人。

新郎生得细蔫蔫，引起郎来站门边；
打开洞门与郎进，早早送郎早团圆。

你一篇来我一篇，引起郎来站门边；
再唱一番与郎进，脚站累来眼望穿。

新郎生得细蔫蔫，引起郎来站门边；
新郎生个瓜子脸，媳娘眉毛细如绵。

新郎生得细蔫蔫，引起郎来站门边；
内一个来外一个，好似云南隔四川。

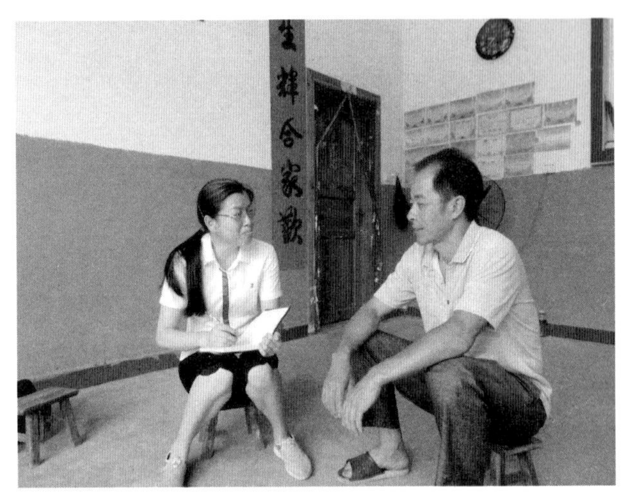
莫晓娴在栗木镇泉会村向歌手刘玉忠采集民歌 / 莫纪德 摄

新郎生得缩又缩，媳娘生如大客姑[①]；
郎又小来妹又大，好似蚂蚁摇枫木。

新郎生得细秧秧，引起郎来站门旁；
你唱天地日月久，我唱江山日月长。

新郎生得细秧秧，奉请新娘入洞房；
快开洞门与郎进，早生贵子坐朝堂。

新郎生得白雪雪，千里姻缘用线牵；
前世姻缘今相会，今世姻缘在眼前。

新郎生得白雪雪，引起郎来站门边；
快快开门与郎进，隔江挑土慢来填。

① 大客姑：送亲的妇人。

你一论来我一篇，引起郎来站门边；
打开洞门迎郎进，早生贵子中状元。

新郎生得高又高，引起郎来把门敲；
到了门前不好喊，轻轻就把手来摸。

新郎生得高又高，引起郎来把门敲；
合合二人正相配，好似韭菜配茼蒿。

新郎生得白飘飘，引起郎来把门敲；
睡到半夜打一想，好比糍粑配蒸糕。

新郎穿件绒蓝衫，好似骏马配红鞍；
合合二人正相配，好似鸦白配仙鹤。

你一篇来我一番，引起郎来把门关；
配成鸳鸯结成对，早生贵子坐金銮。

新郎生得细蔫蔫，媳娘生得大于船；
睡到半夜打一想，好比禾秧插湴田。

新郎生得嫩葱葱，奉请新花入洞房；
恭贺新郎生贵子，一床枕被盖双龙。

新郎生得十分明，一对鸳鸯天配成；
打开洞门与郎进，奉请六亲退歌庭。

（三）恭贺新婚歌

1. 贺婚夜歌

（莲花镇黄泥岗村冯自梅讲唱，黄连芳收集）

（起歌堂）

红喜园中闹连连，先把粗言问主人；
今夜主人开了意[1]，主人开意贱开心。

没曾开田先瞄水，瞄过水源深没深；
今夜主人红喜事，寒苗[2]坐下起歌声。

没曾开田先瞄水，瞄过水源长没长；
今夜主人红喜事，寒苗坐下起歌堂。

门前有树鸟来站，门前无树鸟飞高；
今夜主人红喜事，主人高兴贱来吵。

门前有树鸟来站，门前无树鸟飞低；
今夜主人红喜事，主人欢喜贱来啼。

自从盘古开天地，三皇五帝置乾坤；
盘古置天又置地，置下凡间世上民。

① 开了意：方言，指（户主）同意（举办夜歌堂）。
② 寒苗：对自己的谦称。

自从盘古开天地，三皇五帝置乾坤；
先置青山后置水，置下黄河地上流。

自从盘古开天地，三皇五帝定乾坤；
先定黄河八渡水，后定九州十渡洋。

自从盘古开地分，三皇五帝定乾坤；
刘三姐妹置歌本，伏羲兄妹置人民。

上街去买红联纸，下街去买纸和笔；
纸也有来笔也有，今夜文章写得成。

上街去买红丝线，下街去买绣花针；
针也有来线也有，今夜芙蓉绣得成。

一张红纸四方齐，四方八面写请书；
四方八面写书到，今贵文章摆上厅。

一张红纸四方裁，四方八面写书来；
四方八面写书到，舍贵文章摆上题。

安乐主，安乐主人床上眠；
要主开铺由主睡，留下远乡陪贱人。

安乐一声又二声，声声安乐主家人；
要主铺床留主睡，留下芙蓉陪贱人。

上山砍竹惊动土，下海捞鱼惊动龙；
读书惊动孔夫子，唱歌惊动远乡人。

上山砍竹惊动土，下海捞鱼惊动龙；
读书惊动出家子，唱歌惊动贵芙蓉。

试邀起，江边杨柳试邀春；
杨柳邀春随树过，歌言邀起远乡人。

试邀起，竹篙下海试邀排；
竹篙邀排过大海，桃花邀起李花开。

相请贵，歌言相请贵家人[①]；
红喜园中人多众，齐家谈唱过时辰。

再相请，再来相请远乡人；
众堂老少围围坐，一心来听贵歌声。

苦求贵，六月无雨苦求天；
苦求青天早下雨，苦求贵人早开言。

苦求贵，六月无雨苦求情；
年情大旱人求雨，别人求雨我求人。

① 贵家人：对对方的尊称。

劝贵唱，门前红马劝兄妆；
红马一匹鞍一座，马鞍背上画凤凰。

劝贵唱，门前红马劝兄骑；
红马一匹花一朵，马鞍背上画鸳鸯。

舍贵唱，路边佛子夜光珠；
路边佛子舍花朵，舍贵歌言达早题。

舍贵唱，路边佛子舍花求；
路边佛子舍花朵，舍贵文言达早题。

催贵唱，南海观音催岁粮；
观音催岁一时过，催贵文章达早唱。

催贵唱，南海观音吹玉笛；
观音吹笛一时过，催贵歌言达早啼。

拜动主，拜动主人请动仙；
拜动主人请起贵，众堂老少几心欢。

（接歌对唱）
人间金屋传二美，天上银河渡双星；
郎才女貌成婚配，世界真是有福人。

难为贵，难为贵人舍了心；
难为贵人舍了意，舍开金口吐龙吟。

玉山岭上双松柏，金蓝花下两鸳鸯；
结配夫妻同地久，姻缘造就与天长。

难为一声又二声，声声难为贵家人；
难为贵人开金口，众堂老少也开心。

茫茫人海人无数，哪个男儿赐这福；
总算主家福气好，凤引龙来无量估。

难为贵，难为贵人懂理情；
真龙彩凤配佳偶，人杰地灵结良缘。

闻听主人红双喜，朋友亲戚喜盈盈；
出门脚踏贵村路，一路同行贺喜声。

贵家人，金口玉牙比得真；
百年佳偶今朝合，万代良缘此地成。

初脚踏进此地街，大小房屋花楼台；
金子砌墙银瓦盖，屋檐滴水像花开。

难为贵，难为贵人舍意来；
千里迢迢走苦路，翻山越岭走烂鞋。

今日初次到瑶山，此地生活不一般；
山青水绿风光好，踏进村来心就宽。

难为贵人到寒山，山又贫穷岭又光；
难为贵人舍意到，来到寒村苦地方。

（字谜歌）
又弯又扁又四方，中间有个养鱼塘；
七十二条花街路，条条大路有文章。（看地罗盘）

人王脚下瓜两莌，成王玉带装玉求；
三点黄金二十两，当字无田土一丘。（金玉满堂）

十字偏偏月坐正，子字中间少一横；
子女二人平排坐，立日脚下一片心。（有了好意）

中一脚下八仙踩，十字掀头月在中；
子女二人排排坐，立日脚下又添心。（贵有好意）

两度夕阳在其中，寸身言语一般同；
中一脚下八仙踩，两脚飘飘搭西东。（多谢贵人）

四撇两点在其中，寸心言语不相同；
王字点头多带贵，两脚飘飘走西东。（多谢贵人）

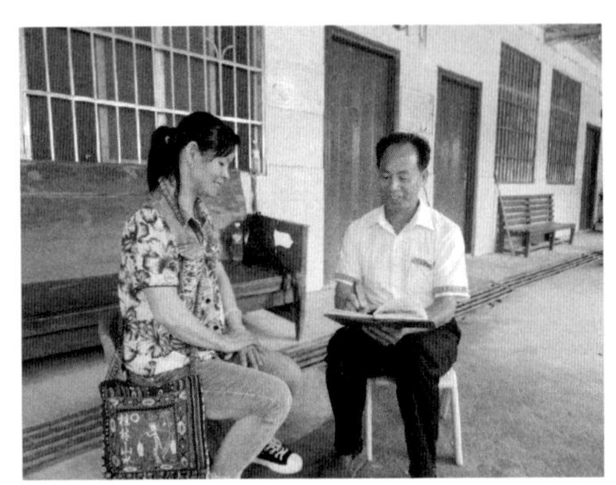

黄连芳与莲花镇黄泥岗村民歌讲唱人冯自梅在一起交流 / 莫纪德 摄

宝玉无云一口田，中一脚下坐八仙；
一对斑鸠平排坐，人王脚下两相连。（富贵双全）

三人同日去看花，百友原来是一家；
合伙二人平排坐，夕阳脚下一双瓜。（春夏秋冬）

布衣旁边一块田，红花女子口相连；
十人穿走田边过，三人送母到江边。（福如东海）

峨眉山上鸟飞来，识别女子不甘心；
口中有苦难开口，丢字无头转回程。（我要回去）
人王脚下一双瓜，东门头上草开花；
丝线穿针十一颗，我王头上插金花。（金兰结义）

二十年前门里东，二土连木像柏松；
西风脚下木林地，千人在上日在中。（兰桂飘香）

二人力大顶翻天，十女耕田田半边；
我想吃羊羊吃我，千田连土土连田。（夫妻义重）

半边新来半边龙，半边鳞来半边毛；
半边上山吃青草，半边下海起波涛。（鲜）

长天遥挂暗中明，自带古方奥冷成；
何见龙船来意且，银灯高照喜相迎。（月）

开头点转万山红，谢后香留还雨中；
不耐风霜是度手，来年笑看是春风。（花）

来时无影去无踪，推浪滩沙助窝龙；
困影斗云公顺我，戏方从线受难中。（风）

手拿金棍落金台，落下金台等花开；
五湖四海都行过，口念三声花就开。（笔）

日字有九横，六字无空心；
神仙问孔子，孔子想三日。（晶）

（黄连芳，瑶族，1956年9月出生于莲花镇龙围村。中专毕业，曾任小学教师、校长。现为恭城瑶学会会员。）

2. 花烛歌

（莲花镇黄泥岗村冯自梅讲唱，黄连芳搜集）

唱起来，八仙桌子早安排；
八个金杯摆四路，四路姐妹唱起来。

一张桌子四四方，插花猪头摆中央；
两边坐起插花女，耐烦恭贺小新娘。

堂屋中间一炉香，先拜祖宗后拜堂；
先拜我爷养大我，后拜我娘睡湿床。

堂屋旁边一坡藤，我娘养女十二层；
我娘养女七层女，细穿细打送出门。

堂屋中间一架梯，大姐嫁早妹嫁迟；
年头年尾来相会，三天五夜又分离。

堂屋中间一杯油，三个姐妹来梳头；
大姐梳起盘龙髻，二姐梳个茶花头。

还有三姐梳得好，梳得梳子滚绣球；
滚到娘边娘心疼，滚到爷边爷心愁。

媳妇娘，还没开声哭你娘；
哭了你娘哭你爷，哭了你爷想新郎。

媳妇娘，还没开声哭你娘；
一会轿子就来到，父母分离痛断肠。

媳妇娘，还没开声哭你娘；
哭了你娘哭姊妹，哭了姊妹哭众堂。

媳妇娘，离别姊妹好凄凉；
一来难舍姐妹伴，二来难舍妹爷娘。

媳妇娘，还不开声哭你娘；
左边湿了右边换，右边湿了换中央。

一日吃娘三度奶，三日吃娘九度浆；
娘奶没是长江水，没是林中树木浆。

一张红纸四四方，四面八方有扯箱①；
扯箱里头有红纸，手拿红纸来化妆。

门口大田妹无份，后园杉树妹无根；
哥哥嫂嫂莫怨气，爷娘家产妹不争。

做女好，做年女仔做年官②；
有日做了人媳妇，百般家务要耐烦。

上山砍柴十八岭，下河挑水水又沉；
打湿罗裙没要紧，跌了金钗无处寻。

---

①扯箱：抽屉。
②做年女仔做年官：指做女孩子很幸福，当一年女孩子就如当一年官。

妹在四方嘱咐嫂，嘱咐嫂嫂待爷娘；
热天带到高楼上，冷天带到火炉房。

妹在四方嘱咐嫂，嘱咐嫂嫂待爷娘；
莫给冷茶泡冷饭，小妹得听断肝肠。

堂屋梳头哥莫骂，灶屋洗脸嫂莫嫌；
哥哥嫂嫂莫见怪，耐烦带妹两三年。

3. 婚庆歌（坐堂歌）

（三江乡陶希福、李松财、陈代忠以及莲花镇黄满英讲唱，黄宝川搜集）

（1）起歌堂

（男方唱）

菊花开放艳阳天，寒村子弟笑开颜；
两姓联姻成大礼，百年偕老度长春。

喜遇人间迎淑女，欣逢月里降嫦娥；
今夜主人红喜事，苗单子弟爱宽乐。

未曾开田先瞄水，先瞄水路后开田；
未曾唱歌先问主，初言先问主家人。

问主一声又二声，再把浅言[1]问主人；
今夜主人舍好意，寒村子弟好开心。

自从盘古开天地，三皇五帝置乾坤；
先治黄河九渡水，后造凡间百姓人。

自从盘古开天地，伏羲兄妹造人伦；
先造歌书十二本，留下凡间解宽心。

安乐主，浅言安乐主家人；
安乐主人高床睡，留下仙花陪贱人。

安主一声又二声，再来安乐主家人；
喜事堂中多辛苦，先到床中安歇息。

安主未完安乐众，贱把浅言安众人；
安乐众堂人老少，久坐陪客过五更。

安乐未完惊动声，寒歌惊动远乡人；
惊动远乡歌师傅，一齐谈唱解宽心。

惊动一声又二声，歌言惊动贵家人；
惊动坪冲歌师傅，上台陪坐解宽心。

一对鲤鱼金线青，鲤鱼落在海中心；
谁人捞得鲤鱼起，就将鲤鱼起歌声。

---

① 浅言：谦虚用语，表示自己所说的话语水平不高。

一对鲤鱼金线黄，鲤鱼落在海中央；
谁人捞得鲤鱼起，就将鲤鱼起歌堂。

多得众堂歌师傅，今到贱村[1]指教人；
因为主人红喜事，一齐只为解宽心。

贱是才疏学又浅，浅浅歌言唱几支；
十二礼节贱没懂，只把寒言邀一声。

初邀起，初言邀起贵家人；
邀动坪冲歌姐姐，请到歌堂陪贱声。

邀动一声又二声，再来邀起贵家人；
邀动远乡姐二位，请到歌堂陪贱人。

文房店内买红纸，四宝房中去买笔；
文房四宝都齐备，请个先生写请书。

言是酌情来相请，歌声相请贵家人；
红喜宴中人多众，众堂要听贵歌声。

请未完来相劝贵，初言相劝贵家人；
劝贵歌言搭早唱，早上歌堂提一声。

① 贱村：对自己地方的谦称。

门前红联排对排，劝动歌师早登台；
来到歌堂平排坐，一齐谈唱解开怀。

贱在云中求大雨，龙天无雨又天开；
风吹云动日月现，五福星临到此来。

劝没完来求一声，贱把歌言话讲明；
齐家都是飞来鸟，总要互相理解人。

求贵唱，求贵歌言写文章；
贵把文章来写起，众堂老少喜洋洋。

一邀二请都唱了，三劝四求话讲清；
不为红缘难遇贵，难得相遇好知心。

一本文书达文件，二本文书达主人；
文书达在主人手，相请主人引动仙。

二本文书达主内，三本文书达众堂；
达在众堂歌师傅，引动行文引凤凰。

文书达在主人内，达进众村老少人；
劳苦众堂人老少，引动金鸡月上啼。

今朝歌友早登台，放开龙肚把歌排；
众堂老少围围坐，久闻贵人好歌才。

恐怕歌堂没起好，也要歌友放耐心；
只为寒苗初学唱，总靠贵歌早开声。

早舍意，早开金口吐龙鳞；
金龙戏水通天下，万里江山闻凤啼。

快快唱，早把好歌快快题；
六亲九眷围围坐，一齐来听贵歌声。

（女方接歌）
堂屋对子亮晶晶，红烛点火照金屏；
昨夜鸳鸯分两地，今朝鸾凤又和鸣。

男：舍好意，来到寒村舍好心；
　　今夜刘三开金口，众堂老少笑盈盈。

女：堂屋对子亮堂堂，红烛点火照金梁；
　　昨日在家娘带女，今朝鸾凤配成双。

男：昔上南山听虎啸，今在寒家闻凤啼；
　　贵到寒村这有意，寒村传好又传名。

女：只为主家红喜事，堂中姊妹笑盈盈；
　　众堂老少围围坐，唱歌又怕老人谈。

（2）正歌

男：贵放心，众堂爱听贵歌声；
　　闻听刘三歌理好，贱是抛砖来引金。

女：今夜主人红喜事，堂中诗对两边排；
　　六亲九眷围围坐，接声又怕老人谈。

男：众堂老少围围坐，一齐来听贵的歌；
　　贵有好歌大胆唱，放开金口吐龙声。

女：初接起，初初接起贵歌声；
　　粗纱接起蓝丝带，贱靠刘三放耐心。

男：难为贵人接起唱，初初接起贱寒歌；
　　手把麻纱来打布，靠贵教贱打绫罗。

女：初接起，初初接起贵歌堂；
　　因为寒家初学唱，靠贵聪明放耐烦。

男：十字偏偏月坐正，子字中间少一横；
　　官家子女平排坐，立日脚下又加心。[①]

女：贱是目蒙[②]到贵家，金子砌墙银砌街；
　　金子砌墙银瓦盖，屋檐滴水像花开。

---

① 此句为字谜，指“有了好意”。

② 目蒙：谦虚用语，眼瞎，表示自己没有文化。

男：竹篱茅舍挂灯笼，灯高无火照不明；
贵舍龙行登玉步，来到寒村舍了心。

女：贱是初蒙到贵厅，金子砌墙银砌城；
金子砌墙银瓦盖，屋檐滴水亮晶晶。

男：石灰粉墙光在面，里头尽是烂泥砖；
贵讲寒家有这好，看来都在贵家门。

女：贱是目蒙到贵家，贵家都是府官家；
堂屋诗对团团围，屋檐滴水像金花。

男：多谢贵家讲这好，寒苗思想没为人；
茶没递来烟没散，又把寒歌吵贵心。

女：一进门楼二进街，三进门楼瓦屋乖[①]；
九个门楼九把锁，九把钥匙共锁开。

男：栓柱下脚茅草盖，远路歌师到此来；
一个门楼一把锁，主人开锁进门来。

女：一进门楼二进厅，三进门楼紫金厅；
几个门楼几把锁，几个锁头共锁匙。

---

① 乖：漂亮的意思。

男：蓬门今始为君开，欢迎四方好友来；
竹篱茅舍寒村建，一把钥匙共锁开。

女：今朝初到金狮岭，两翅摇摇没敢停；
来到金城官唱戏，听闻唱戏就心惊。

男：金鸡飞到苦竹坳，鲲鹏展翅万里高；
九州同有日月照，歌堂姊妹爱逍遥。

女：蝴蝶来到金狮岭，两翅摇摇没敢落；
众堂老少围围坐，没敢开声接贵歌。

男：凤凰飞进小山溪，大鹏展翅恨天低；
晓得贵歌唱得好，一举成名天下知。

女：出门脚踩流沙路，脚踩流沙步步低；
来到东京初学浅，无文不敢表心情。

男：寒村喜事人众多，全靠凤凰展起落；
鸾凤和鸣同地久，地久天长好生活。

女：出门脚踩流沙路，脚踩流沙步步高；
进京闻听官家到，寒苗实在是心焦。

男：出门脚踩金桥路，脚踩金桥步步高；
玉步连登到贱处，寒村老少好逍遥。

女：初进京，初初达进贵歌厅；
贱是仔鸭才下水，奉劝刘三放耐心。

男：难为了，难为歌师一片心；
千里迢迢走苦路，舍下龙恩与贱人。

女：初进街，贱是初初到贵来；
初到京城不识路，靠贵刘三放耐烦。

男：今夜歌师舍意到，贱把寒歌话讲明；
寒歌都是宽乐意，互相将就过时辰。

女：歌礼好，礼好长江水也甜；
空手两脚到贵处，寒苗实在煨霉[①]人。

男：礼性好，礼性层层送到厅；
天高地厚金恩重，隔江挑土慢为情。

女：无礼性，空手两脚到此来；
来到贵村礼义重，礼义层层海样深。

男：世间只讲情和义，不讲礼信重与轻；
主人结就新连理，多得歌师费了心。

① 煨霉：方言，落魄。

女：贱是情深都是假，贵人操了万般心；
劳更过夜多辛苦，三天二夜不安宁。

男：是没错，自古仁义值千金；
肩上挑来吃不久，手上拿来是贺情。

女：贵人讲来这一番，世间仁义重如山；
贵人歌好礼义重，礼路清清贱难盘。

男：莫讲为情那本经，逍遥快乐过时辰；
齐把歌言慢慢唱，没是沙场比高低。

女：讲得好，贵的歌好记在心；
贵有好歌唱与贱，贱人实在好爽神[①]。

（3）吃茶歌

男：礼义把手拉一拉，打过招呼喊吃茶；
贱把歌言初邀起，浅言邀起贵人家。

女：礼义重，贵人礼义重如山；
今晚刚刚吃没久，碗没洗来又吃茶。

男：主人舍意又操心，吃茶邀起贵家人；
邀起歌堂人姊妹，一齐来领主人情。

① 爽神：方言，舒服。

女：多谢了，吃茶邀起贱寒家；
　　劳碌主人操了意，主家实在又操心。

男：邀歌不要邀得长，油茶筛久茶会凉；
　　齐把歌言来停下，吃了茶来唱转章。

女：邀起众乡人姊妹，六亲九眷共台吃；
　　只为寒家不懂礼，一齐领起主人情。

男：几句粗言诉与君，贱把寒歌话讲明；
　　手拿茶碗歌声断，茶碗落台歌起声。

（歌暂停，众人喝茶，茶后歌再起）
男：吃了茶来碗落台，八个茶杯收拢来；
　　八个茶杯齐收拢，齐把寒歌唱转来。

女：四撇两点在其中，寸身言语一般同；
　　王字出头身带贵，两脚飘飘走西东。①

男：十字偏偏月坐正，子字中间少一笔；
　　子女二人平排坐，立日脚下又加心。②

女：谷雨茶，阳鸟未啼先暴芽；
　　谷雨捡回楼上放，今夜龙恩待贱家。

① 此四句为字谜，意为“多谢主人”。
② 此四句为字谜，指“有了好意”。

男：无礼性，淡水粗茶奉贵人；
来了好客无好主，怠慢贵人莫记心。

女：有礼性，礼性层层海样深；
一来多谢煮茶姐，二来多谢递茶人。

男：代表主家领了意，寒家礼仪是一般；
扯块木叶当烟散，舀杯清水当茶筛。

女：多谢了，主人操了万般心；
山上木叶要人捡，路边井水要人挑。

男：贵礼好，礼路条条比得高；
粗茶淡酒来待贵，寒家思想气不消。

女：礼义重，礼义层层东海深；
龙肉海味来待贱，六亲九眷陪寒人。

男：六亲九眷堂中坐，得意真心听贵歌；
也有儿多称赞贵，也有几多向贵学。

女：礼义重，礼义层层如水流；
贵人歌好人人赞，众人得听好逍遥。

男：多得歌师讲得好，海水无风浪也高；
同个日月来照耀，树是树来苗是苗。

女：讲得好，贵人句句是实言；
来到贵村礼义重，隔江挑土几时还。

男：莫这讲，莫讲为情这本经；
世间只讲仁和义，都在互相行往情。

女：讲得好，几多仁义在其中；
台上佳肴来待贱，又有贵人宽贱胸。

（4）续唱正歌

男：盘飧市远无兼味，樽酒家贫只旧醅；[①]
为了龙情来庆贺，好意寒村慢慢为。

女：讲贱龙情没上讲，贱是人情没是情；
贱有寒花在贵处，寒苗空手也来行。

男：贵的情义重千斤，好比南海水样深；
燕子衔泥飞过海，隔江挑土慢为情。

女：一年四季常常过，寒苗袖短没为人；
千里迢迢无礼带，也表寒苗一片心。

---

① 盘飧市远无兼味，樽酒家贫只旧醅：出自唐朝诗人杜甫的《客至》，全诗如下：舍南舍北皆春水，但见群鸥日日来。花径不曾缘客扫，蓬门今始为君开。盘飧市远无兼味，樽酒家贫只旧醅。肯与邻翁相对饮，隔篱呼取尽余杯。市远：离市集远。兼味：多种美味佳肴。无兼味：谦词，指菜少。樽：一种酒器。旧醅：隔年的陈酒。古人好饮新酒，杜甫因家贫无新酒而感到歉意。

男：有这好来讲这好，半点不瞒贵的情；
因为主家红喜事，刘三费了几多心。

女：今夜主家红喜事，主人操了万般心；
六亲九眷围围坐，劳更过夜陪寒人。

男：莫这讲，众堂劳碌理应当；
不为好心来挂意[①]，几时才到贱家乡。

女：容易到，水推兰叶易得来；
有朵寒花在贵处，寒苗常往贵村行。

男：月亮在高星在低，星星全靠月照明；
为了亲戚结就了，以后靠仙指教人。

女：是容易，贱人常到贵村行；
常到贵村吵闹众，寒苗实在没为人。

男：蓬门今起为君开，欢迎亲戚常到来；
互相行往重情义，不遇季节花不开。

女：今日出门天又开，今夜刘三话讲来；
贵是歌言礼义重，五百年庚记在怀。

① 挂意：挂心。

男：贵看从前和以后，走过江河与九州；
看过江边风摆柳，经过江边溪水流。

女：今夜歌仙比这好，好过芙蓉朵朵开；
今夜同君一夜话，寒苗百年记心怀。

男：贵人实在好谦虚，这好文章这好题；
贱是仔鸭才下水，靠仙引渡过江心。

女：哪舍讲，这讲这说没好听；
石板栽兰兰根浅，藕塘插藕藕根深。

男：石板吊花千年在，藕塘插藕藕根深；
贵是聪明深五代，屋檐滴水没差移。

女：高挂明灯写细字，字细灯高照不明；
左写一笔没成字，靠贵添笔成了人。

男：左写一笔没成字，贵添一笔成了人；
人字脚下加一口，合家生财过时辰。

女：聪明到底是聪明，句句歌言比得深；
和气生财四个字，才是歌堂姊妹人。

男：红喜园中讲一番，一齐欢喜唱歌玩；
贱是初蒙来一比，比贵聪明讲不完。

女：贵是歌言来引路，寒苗实在没为情；
　　主人红喜多欢喜，寒家劳碌主家人。

男：有意客来情似海，知心人到值千金；
　　贵有好心祝贺主，主人领了贵的情。

女：贱是目蒙不懂礼，歌堂没贺主家人；
　　红喜堂中龙引凤，户朝绿水漫长江。

男：配合鸳鸯同地久，结成鸾凤与天长；
　　吉日良辰成婚配，满堂吉庆万年昌。

女：贵是歌仙讲得好，主人欢喜在今夕；
　　贱是浅言祝贺主，堂中绿柳早生枝。

男：福德天地在堂中，好比孟光配梁鸿；
　　贵是歌言祝贺好，夫妻恩爱树家风。

女：贵是歌言礼义重，几多欢喜在其中；
　　贱是浅言祝贺句，鸬鹚戏水是双龙。

男：喜遇人间迎二美，良辰美景渡双星；
　　代表主人领贵意，万般领了贵的情。

女：几句粗言诉与君，贱把闲言讲一声；
　　鸬鹚戏水双龙鸟，将来一定坐朝廷。

男：主人领了千般意，领了贵人一片心；
贵家仁义主人领，贵讲一声准一声。

女：红口白牙只这讲，歌言这讲慢思量；
主人和好千年爱，来年得个状元郎。

男：宗宗祖祖层层在，子子孙孙代代兴；
贵讲玉言当钱用，贱把浅言跟贵行。

女：主人今是喜事情，再把新人祝贺声；
人康年寿千年在，合家做个享福人。

男：齐把歌言慢慢唱，比山比水随便题；
要贺主人不要紧，慢慢歌言也不迟。

女：本是真，贵人说话当得真；
辛苦众堂安排好，粗言淡语喜盈盈。

男：慢慢唱，多把寒歌过五更；
当初有个刘三姐，爱唱山歌登天庭。

女：讲得好，刘三登了哪路仙；
总讲刘三接起唱，问贵刘三从哪来。

男：齐家都是比仙人，不是当文讲古今；
不管比山和比水，都是寒歌解宽心。

女：莫嫌意，浅言寒语问贵人；
贵把缘由与贱听，众堂老少也宽心。

男：是没错，众堂都是爱宽心；
晓得贵歌唱得好，满堂贵客也欢欣。

女：莫嫌意，寒苗实在没为人；
请贵根由慢慢讲，刘三胜过世间人。

男：有这好来讲这好，有贵陪歌好逍遥；
寒单[①]讲句真情话，头发不讲是眉毛。

女：晓得了，晓得贵歌好逍遥；
同君一夜真情话，贵人舍了一番心。

男：不是寒苗舍了心，只为主家喜事情；
十里相逢齐到此，应该得个好开心。

女：讲得好，贵人歌好众人听；
千里相逢歌姊妹，开心与贱一齐行。

男：总算寒家有福气，得遇歌堂姊妹人；
能与歌师一夜话，万古千秋记在心。

①寒单：对自己的谦称，与“寒苗”同义。

女：莫那讲，六亲听了好开心；
千里迢迢同堂坐，寒苗无脸见六亲。

男：多得歌师这舍意，千里奔波到贱行；
只为祝福来厚贺，这样恩情海样深。

女：千里迢迢容易到，主人操了万般心；
海里捞虾难下底，几时还转主人情。

男：莫这讲，这讲这说没好听；
来了好客无好待，劳更过夜费了神。

女：有了意，主人意好海样深；
龙肉海味来待贱，还有刘三陪贱人。

（5）邀吃宵夜

男：万语千言讲不尽，贱把歌言与贵听；
主人又舍二番意，邀起歌师来领情。

女：有了意，众人操了几多心；
吃了油茶又宵夜，齐家来领主人情。

男：邀了一条又二条，邀起贵人饮中宵；
吃了中宵慢慢唱，慢谈慢唱也逍遥。

女：吃了一餐又二餐，多谢主人来费烦；
舍了龙恩这好意，这个义情几时还。

男：邀了一声又二声，再来邀起贵家人；
酒杯到手歌停止，杯落台中歌起声。

女：难为了，邀了一声又二声；
贵人舍了千般意，一齐来领主人情。

男：再邀起，齐到台中领主情；
手执杯子歌声断，杯子落台歌起声。

（歌暂停，众人吃宵夜，宵夜后接唱）
男：吃了中宵碗落台，手拿扫把扫木台；
手拿扫把扫木凳，又把寒歌唱起来。

吃了中宵碗落厅，又把歌言唱转声；
一齐只为宽乐意，靠贵能够理解人。

在此之前话讲过，吃了中宵又唱歌；
莫怪寒苗不懂理，齐家只为爱宽乐。

不过意，几句粗言邀起声；
莫怪酒席多怠慢，也要同心一路行。

女：吃了中宵碗落台，风吹马尾扫金台；
风吹马尾金台扫，又把寒歌唱起来。

男：难为了，难为龙恩一片心；
讲过前言对后语，半点不差才是真。

女：吃了中宵碗落厅，风吹马尾扫金厅；
难为刘三邀贱久，齐把歌言唱转声。

男：歌言唱转齐唱转，逍遥快乐过时辰；
今夜刘三这舍意，寒单领了贵的情。

女：难为了，难为刘三邀贱人；
众人操了千般意，主人操了万般心。

男：仙花实在有好心，淡酒粗茶也领情；
这样好客实难遇，世间少有这般人。

女：莫把歌言称呼贱，寒苗实在没为人；
吵闹众村吵闹主，劳更过夜没忍心。

男：主人红喜喜盈盈，因为歌言也开心；
为了红缘连喜事，主人舍了万般情。

（6）续唱正歌

男：二人力大顶破天，十女耕田种半边；
我王头上八仙坐，千里连土土连田。①

女：贵人实在好聪明，贱是石头不当金；
人王脚下瓜一对，东门头上草开花。②

男：金兰结义讲得好，东海明月万里高；
但愿贵歌成真语，留给主家万代福。

女：主人福好千年在，金玉满堂在中央；
丝线穿针十一口，我王头上草开花。③

男：金兰结义真结义，贵念文章海样深；
这样好歌来比喻，主人闻听好开心。

女：歌是这说话这讲，古人传下又传真；
捡到前人这样讲，靠贵回家瞒一声。

男：多少地方贱走过，少遇歌师这宽乐；
贵是见多又识广，老者说来少者学。

女：爷娘生贱目蒙子，多在深山少见人；
日里无盐吃淡菜，哪有见得世面多。

① 此四句为字谜，指“夫妻义重”。“义”为繁体字“義”。
② 此二句为字谜，指“金兰”。“兰”为繁体字“蘭”。
③ 此二句为字谜，指“结义”。“义”为繁体字“義”。

男：人在远来耳在近，晓得贵人懂礼人；
十二歌堂贵走过，朝中挂榜贵头名。

女：认错了，恐怕别村别二人；
贱在山中轮流转，风吹日晒雨来淋。

男：同在本方和本县，一般情况贱也知；
早时得听贵名誉，今日得遇果然真。

女：惭愧了，听贵歌言不为人；
十二歌堂贵走过，唱歌是贵留美名。

男：贱是家寒无奈何，从小未曾唱过歌；
今夜遇着歌师傅，谨慎谦虚慢慢学。

女：红粉画花花不美，锦上添花花更鲜；
贵讲行头才唱歌，果然贵是世间仙。

男：锦上添花处处有，雪中送炭世间无；
得遇金鸡题诗句，贵是文章一路熟。

女：讲得好，主人情意重如山；
今夜歌堂相遇贵，哪个年庚贱才还。

男：世间无水不朝东，人生无处不相逢；
只要歌师看起贱，三年两载又相逢。

女：但愿歌堂人姊妹，三年两载又相逢；
以后途中来相遇，百鸟凌空同路行。

男：有缘千里来相会，无缘对面不相逢；
今日歌堂相遇贵，时时铭记在心中。

女：有缘千里来相会，今夜算是贱有福；
得遇天仙来下界，齐家来享万年福。

男：人逢喜事精神爽，月到中秋万里光；
不为主家红喜事，难与仙家共一堂。

女：日到正中是晌午，月到半空是五更；
今夜寒歌不唱了，邀贵换条理路行。

男：莫这讲，莫讲换条理路行；
十二寒歌这好唱，莫讲改路那本经。

女：十二寒歌唱不尽，贵舍龙恩讲古[①]人；
寒歌放下暂不唱，讲个古人宽贵心。

男：要讲古人贱就难，好比放排急转弯；
放排遇到急弯水，恐怕刹排排就翻。

① 讲古：瑶家称讲故事为讲古。

女：没要紧，大河滔滔不转弯；
一路顺风慢慢走，靠贵聪明放海涵。

男：不是寒苗不舍讲，只是目蒙理没强；
贱把歌言问一句，歌堂无古行没行？

女：可惜了，贵有好歌没听真；
贵有好歌没听进，难为贵人再讲声。

男：几句粗言诉与君，贱把粗言话讲明；
齐把寒歌慢慢唱，歌堂无古行不行？

女：要舍意，舍个龙恩说贱听；
晓得古人讲一个，寒苗思想也宽心。

男：要讲古人贱为难，从小出生家贫寒；
未曾走过学堂路，好比急流涌上滩。

女：莫客气，贵人实在好谦虚；
恐怕寒苗盘不倒，没舍说来与贱听。

男：只是寒单不会讲，哪有贵人不会盘；
从小没曾进学校，你讲为难没为难。

女：贵人四海通天下，哪本古书贵也知；
四书五经贵看过，没舍讲来与贱听。

男：爷娘生贱家寒苦，从小未曾念过书；
七岁看牛到十五，耕田耕地到如今。

女：莫瞒贱，贵在贵村出了名；
四面八方都走过，歌言唱得远传声。

男：讲起寒苗实在差，没务正业到处游；
全靠哥兄和姊妹，早早迟迟把贱留。

女：男人四海天下走，聪明胜过贱家人；
弄钱弄米日常走，晚年才会贵歌声。

男：金口玉牙讲得真，寒苗领了一番情；
以后时间多照顾，照顾寒家四面行。

女：哪舍讲，哪舍歌言这子题；
聪明才会行天下，心想事成事事成。

男：难为了，难为歌师这有心；
得到金山明月照，不能忘记贵恩情。

女：红口白牙随倒讲，靠贵莫要记在心；
爷娘生贱人粗蠢，恐怕歌言得罪人。

男：交得朋友值万两，得人一语值千金；
贱是目蒙没懂理，总要歌师指教人。

女：讲贱知心都是假，靠贵知情才是真；
塘中水浅船难渡，贵人容谅又容情。

男：莫讲容情那本经，讲起寒家没为人；
贱是目蒙难比贵，矮子下楼步步低。

女：矮子下楼步步矮，看来还是贱家人；
鱼靠鱼来水靠水，靠贵挑高来就低。

男：贵人出在龙虎家，家里一生享荣华；
贵家生得千金女，莫把寒单比贵花。

女：荣华富贵村村有，可惜寒家命不由；
来到贵村怕议论，别人不讲自家羞。

男：晓得了，贵的家庭晓得完；
前日贱到贵高府，看见楼房有好宽。

女：莫那讲，莫把寒苗传丑名；
又无地脚茅草盖，寒苗实在不为人。

男：有这好才讲这好，有那宽才讲那宽；
前日贱到贵的府，礼情深深数不完。

女：礼义重，好意深深贱领情；
舍了龙情到贱处，吃杯冷水待贵人。

男：前日贱到贵的家，贵的夫君打油茶；
　　儿子递烟又请坐，礼义深深接贱家。

女：哪把歌言编这好，哄倒众堂老少人；
　　灯盏无油空来点，得个名声肚里空。

男：不是寒单扯谎歌，茶也吃来酒也喝；
　　夫妻双双来留贱，留贱谈心好快乐。

女：贵嫌意，粗茶没吃要回程；
　　礼性层层拿给贱，可惜无心待贵人。

男：寒单本是礼性差，空手出门带嘴巴；
　　贵的丈夫礼性重，又递烟来又筛茶。

女：讲得好，哄倒人家饿自家；
　　贱是目蒙人粗蠢，欢喜回家传贱名。

男：贱人到了贵家来，高楼大厦一排排；
　　门前屋后是果树，一年四季发大财。

女：全靠贵家讲得好，若是今年发了财；
　　贵的玉言讲得好，可惜再好在人家。

男：棉纸不曾包得火，竹篾不能当钢条；
　　整个三江贱走过，没有贵家楼房高。

女：房子再高有何用，不方不便好心焦；
　　人起高楼龙凤尾，贱起楼房尾难收。

男：墙壁面上扎金花，四方有路好发达；
　　不是贵人勤和俭，哪有装点这豪华。

女：人从五代耕田地，子孙后代是根基；
　　难比贵人福分好，儿孙代代在朝廷。

男：莫这比，这比寒单无气出；
　　贱娘生贱人懒惰，又缺穿来又缺吃。

女：莫把歌言这样讲，寒苗没好也心知；
　　贵是家庭人富裕，楼房个个是新的。

男：不信你到贱的家，贱的房屋四个叉；
　　三块石头砌个灶，半边鼎锅煮南瓜。

女：莫要比得这样差，莫把歌言比这行；
　　贱是有时到贵处，歌言真假是如何。

男：若是歌师舍意到，一心一意看根苗；
　　一是一来二是二，低就低来高就高。

女：贵人要讲老实话，讲起歌言不对心；
　　莫把歌言那样讲，主人红喜要宽心。

男：聪明到底是聪明，歌言唱得理路深；
为了主家红喜事，一般情况一般情。

女：讲了这多客气话，比了这多理论情；
若是歌仙没舍讲，小小语言表意心。

男：同是歌堂人姊妹，应该说话要当真；
知音说与知音听，不是知音不与题。

女：贵要没说随贵意，贱把寒言问一声；
几句粗言讲几句，问贵爱听不爱听。

男：贵家人，贵有好歌贵讲明；
贵有文章足管念，贱是闻言洗耳听。

女：未曾讲起先嘱咐，寒言嘱咐贵家人；
齐把过程慢慢讲，没知合讲没合提[①]。

男：难为了，难为歌师这有情；
众堂坐有老和少，一齐听起好开心。

女：江边杨柳一排排，贱把寒言随便盘；
高山松柏哪人种，江边杨柳哪人栽？

① 没知合讲没合提：方言，不知当讲不当讲。

男：一年四季有春秋，总靠歌师讲根由；
盘古开天又辟地，山水季节也上流。

女：莫嫌意，贵是聪明陪起来；
高山松柏那个种，江边杨柳哪人栽？

男：贱在家中种田地，少往江边堤上行；
没有读得孔圣子，没有见过真翰林。

女：贱把寒言嘱咐句，贱是说来与贵听；
高山松柏仙人种，江边杨柳水推来。

男：水有源头木有根，难为歌师讲得明；
种下松柏和柳树，以后根由哪有行？

女：慢慢讲，歌言慢慢讲分明；
太白看见仙人种，金龟看见水推来。

男：多谢了，多谢教师指教人；
太白金星看见了，又把松柏柳树植。

女：再把歌言慢慢讲，慢把歌言与贵谈；
万丈高楼哪个起，五湖四海哪人开？

男：总要刘三舍好意，慢把根由讲转来；
经过缘由贵讲起，请贵一齐好安排。

女：没要紧，歌言总总有安排；
恐怕贵人没舍讲，搅油搅到手中来。

男：到底歌才有这多，贱是虚心向贵学；
若得贵人舍意讲，三言两语也适合。

女：和气生财四个字，才是歌堂姊妹人；
万丈高楼鲁班起，五湖四海九龙开。

男：得听贵歌讲得真，万丈高楼鲁班成；
哪个先生来点地，哪个先生来定针？

女：银殿山头日晒宝，平洋海里现龙鳞；
神仙看见鲁班造，金龟看见九龙开。

男：风吹马尾千条线，日晒龙鳞万点金；
贵是歌言讲这好，不知哪处现龙鳞？

女：歌是这说话这讲，不知话讲是何情；
这样谈白[①]来讲笑，靠贵莫要记在心。

男：贵歌不是开玩笑，句句理由有分毫；
难得共君一夜话，应该讲来解逍遥。

---

①谈白：方言，交谈。

女：讲得好，歌堂姊妹爱逍遥；
　　光阴似箭催人老，日月如梭不等人。

男：一年三百六十天，过了一年又一年；
　　回首当初路走过，以后路程远万千。

女：讲得好，贵歌句句是真言；
　　以往根由想一想，不知事事记心间。

男：是没错，应该事事记心间；
　　经过一桩记一事，以后前程未可言。

女：贵是歌言讲得好，一字一句记心间；
　　穷来莫讲当初有，贵是歌言礼万千。

男：穷来不讲当初有，老来不讲少年时；
　　贵是歌言讲得好，句句文言承教师。

男：多唱一句准一句，少唱一句也无妨；
　　一齐都是歌堂伴，慢谈慢唱到天光。

女：贵是宽宏又大量，贵人实在是聪明；
　　贵是朝中来挂榜，万般容量又容情。

男：唱歌不是抢头功，莫讲寒单把情容；
　　齐家欢喜慢慢唱，歌场难比赶田工。

女：本是真，慢慢讲来慢慢提；
贵是歌言唱得好，寒苗思想没为人。

男：莫讲为人这一本，高抬贵手靠贵人；
今夜歌堂慢慢唱，和气生财唱到明。

女：春风堂上初来燕，慢就闲歌过时辰；
今夜闲歌唱得好，看来还靠贵家人。

男：今夜歌堂唱得好，还靠刘三放耐心；
贱是今朝来取宝，特意抛砖引玉石。

女：飞流直下三千尺，疑是银河落九天；
贵人歌理比得好，比得天中月样圆。

男：从小未曾唱过歌，今朝初初向贵学；
贵有文章照章念，贱是初言慢慢拖。

女：高山落雨细蒙蒙，水淹洛阳路没通；
人海中央撒绿豆，今朝得见豆得收。

男：水淹洛阳路不通，难为刘三来开通；
大路修通贵引路，难得功高在此中。

女：今日出门天又开，在此家中又相来；
相逢刘三放下量，歌堂慢讲慢安排。

男：遇着了，织网遇着卖线人；
今夜同君一夜话，如同读过十年书。

女：倒转了，那讲那说没为人；
歌堂姊妹来相会，今夜歌堂如捡金。

男：今夜同君歌堂坐，此后相逢定没难；
留得五湖明月在，不愁无处不相逢。

女：讲得好，人情似海重如山；
什么东西父抱子，什么东西母怀儿？

男：歌堂姊妹真姊妹，一帆风顺把歌题；
为个真情和好意，为个龙恩一片心。

女：贵是歌言没舍讲，贱是目蒙问一声；
什么东西娘抱子，什么东西子抱娘？

男：若是贵歌这样问，寒苗话语讲得长；
莫把这宗当歌唱，莫把路途走这行。

女：三十六颗棋盘子，棋盘难动子难移；
禾草捆秧娘抱子，竹篮装笋母怀儿。

男：难为了，难为歌师话讲明；
得听龙言[1]话一句，回家传给老人听。

① 龙言：俗语，“龙”属夸称对方，“言”即歌词。

女：没这讲，四两棉花没上弹。
水涨船移讲仁义，今夜歌堂要贵弹。

男：回家传好又传名，传与众村听一声；
今夜遇着歌堂伴，句句文章念得清。

女：莫把歌言来称呼，寒苗实在没为人；
东一句来西一句，费了众堂老少情。

男：众堂老少围围坐，一齐来听贵歌声；
贵是文言唱得好，贱是陪歌也吃力。

女：东海水深船来满，西海山高月照明；
贱是一生没认字，靠贵添笔成了人。

男：星子照高月照低，水推浮萍开细枝；
今夜贵歌唱这好，心中想起嘴里出。

女：若讲寒歌唱得好，看来都是贵家人；
全靠刘三来引路，寒苗实在好欢心。

男：贵是唱歌好文章，陪贵歌言心就慌；
风不吹草草不动，蜂不采花哪来糖。

女：比得好，比得海干龙现鳞；
贵是歌言比得好，众堂老少笑盈盈。

男：贵是文言称呼贱，贱把深情也难为；
　　墙上画龙不戏水，纸剪金鸡哪会飞？

女：剪刀细小剪龙凤，贵人实在是聪明；
　　墙上画龙也下水，纸扎阳鸟也催春。

男：剪刀细小剪龙凤，看来都是贵手强；
　　贵是一笔点龙凤，点起龙王下九江。

女：莫把歌言比这好，比得文章海样深；
　　贱是歌堂无礼会，簸箕打鼓乱鸣锣。

（7）邀吃宵夜油茶

男：十二寒歌慢曾唱，又把寒歌邀一声；
　　主人操了二番意，一齐来领主人情。

女：本是真，一齐来领主人情；
　　手拿金碗歌声断，金碗落台再起声。

男：风吹麻叶块块白，送茶东西莫做客；
　　若是贵人讲客气，饿着肚子值不得。

女：哪舍讲，炒米油茶喷喷香；
　　又有花生和饼子，可惜主人没到场。

男：邀了一声又二声，吃了油茶歌再提；
手拿茶碗歌声断，茶碗落台歌起声。

女：吃了一餐又二餐，费了六亲难费凡；
主人操了千般意，劳更过夜陪贱人。

男：吃了油茶碗落台，邀贵歌言唱起来；
齐把闲歌慢慢唱，慢谈慢唱等天开。

女：吃了茶来碗落台，风吹马尾扫金台；
风吹马尾金台扫，难为贵人唱转来。

男：难为刘三歌唱转，齐把文章念转来；
骑马过街凉塘静，马过街头骑汉州。

女：吃了茶来碗落台，又把闲歌唱转来；
主人操了千般意，众人操了万般心。

男：真是真，主人操了一般心；
都得众堂人姊妹，齐心协力帮主人。

（8）收歌（挽留歌）

女：吃了茶来歌唱转，又把歌堂围拢来；
五更鸡仔连连叫，邀贵歌堂收拢来。

男：哪就讲，哪就能说这本经；
五更鸡叫人吵叫，总靠贵人放耐心。

女：邀起贵，寒言邀起贵家人；
齐把新人来贺起，一齐收起转回程。

男：主人红喜慢恭贺，等到天明也不迟；
不看鱼情看水面，不看寒家看主人。

女：没是歌言那子讲，看来已到五更天；
六亲九眷劳碌了，寒苗收拢好安心。

男：留贵唱歌莫做客，时钟五点还没得；
五更鸡叫人吵叫，外头天亮里头黑。

女：靠贵宽容放个量，放贱回头打转身；
贺好新人贺好主，齐家收拢转回程。

男：慢慢唱，多把寒歌唱几声；
今夜主人红喜事，一夜寒歌贺主人。

女：再邀起，再来邀起贵家人；
贱是出门日子久，明朝一定要回程。

男：出门莫管家闲事，不为行亲难到来；
今夜洞房花烛夜，多唱寒歌理应该。

女：本是真，洞房之夜贺新人；
　　多把新人来恭贺，一齐贺好转回程。

男：恭贺新人又何妨，歌堂姊妹好商量；
　　商量做事得分寸，应该理解这一桩。

女：今夜闲歌到此了，几时相会慢才题；
　　齐把歌言来恭贺，一齐恭贺到天明。

男：看在主家情和义，看在高师夜不眠；
　　这样好心和好意，歌师应该理解人。

女：贱娘生贱人粗蠢，几多理由贱不知；
　　贵村理由贱不懂，靠贵说来与贱听。

男：话是虽然这样讲，总要歌师放海涵；
　　放下海涵慢慢唱，等到明朝再商量。

女：爷娘生贱人愚蠢，没知贵村礼仪深；
　　靠贵聪明来指点，错了寒言贱知情。

男：贵放心，今夜寒歌到天明；
　　别个歌堂多热闹，何提贺主那本经。

女：贵有好心贱领了，可惜寒苗礼不清；
　　只为人怂无礼讲，唱得好来陪没明。

男：唱得好来陪没真，看来还是贱家人；
全靠刘三懂礼仪，高抬贵手好容情。

女：贵讲寒苗懂礼貌，看来还是没为人；
来到人前见笑了，贵人容量又容情。

男：莫这讲，这讲这说没好听；
歌也好来声也好，众堂得听好开心。

女：讲了这多客气话，唱了这多礼貌歌；
和气生财通四海，寒苗实在没为人。

男：贱娘生贱无文化，只把浅言与贵题；
一字不知哪样讲，二字不知有几笔。

女：贵把歌言那样讲，看来还是贱家人；
一字不知哪样写，初一十五未知名。

男：性本善来人之初，贵有文章四处读；
人在远来耳在近，一片忠心走五湖。

女：贵是歌言讲这好，寒苗无礼不知情；
十二闲歌唱到此，邀贵金口贺新人。

男：为何意，讲过千般话没听；
讲尽千般不理解，为何哪点有原因。

女：不是寒苗不理解，只为天中天又明；
六亲九眷劳碌了，讲尽人间喜事情。

男：贵放心，天中只有月照明；
等到天中月西下，再贺主人也不迟。

女：个个登台宽乐事，只为高堂有祖师；
只为寒苗同贵坐，两眼垂垂时已迟。

男：看在众堂人老少，看在高堂有祖师；
千里劳碌到贱处，一齐传唱贵歌声。

女：是见笑，今朝嘲笑贱心焦；
众堂各位辛苦了，应该贺主把声收。

男：为了好歌多传教，后代儿孙有逍遥；
传唱贵歌歌这好，歌花开落在三江。

女：今夜寒苗没知礼，歌没好来声没悠；
今夜寒苗嘱咐贵，感谢刘三走一周。

男：唱得好，唱得天中月样明；
唱得芒筒沉水底，唱得石头浮面来。

女：贱是含羞不便意，歌堂实在不为人；
在家思想扬名外，不知栽在海中央。

男：晓得了，贵是唱歌早有名；
晓得刘三歌礼好，跑到莲花寻贵人。

女：今到贵村仁义重，仁义层层如海深；
红纸写书人邀请，寒苗实在不为人。

男：哪舍讲，晓得贵歌出了名；
因为主人红喜事，相请贵歌宽众心。

女：莫管歌堂好不好，今夜同君谈了心；
今夜遇着山歌手，惊动几多老少人。

男：晓得刘三来到此，众堂老少好开心；
十年难遇贵一转，十转难遇贵一回。

女：易得见，二回相熟容易来；
几时贱到贵村去，刘三要讲要来题。

男：若是歌师舍意到，等于寒村请先生；
先生到位人欢喜，一学知识二交情。

女：莫那讲，歌言讲起不为人；
贵是歌师懂道理，寒苗来向贵学习。

男：向贱学习学不多，今朝初初学唱歌；
就是将天无二比，好比螺蛳空了壳。

女：再请贵，莫把寒歌多讲谈；
好言一句心中暖，话不合心六月寒。

男：好言一句心中暖，靠贵歌言记在心；
贱是目蒙来一比，手拿铜钱难比金。

女：再讲声，问贵同心不同心；
贱把寒言来恭贺，一齐恭贺主家人。

男：苦压鸡婆不抱蛋，随贵心想那路行；
贵有好歌齐贺主，一二从头跟贵题。

（9）恭贺主

女：多谢了，寒人多谢主家心；
难为龙恩放过量，一齐恭贺主家人。

男：贵要恭贺贱恭贺，一齐恭贺二新人；
金屋人间传二美，银河天上渡双星。

女：贵贺深来贱贺浅，浅浅寒歌贺新人；
龙凤呈祥双异彩，百年和好万年兴。

男：贵贺一句贱陪句，贵贺一条贱贺条；
今日堂中喝喜酒，明年娃娃手上抛。

女：讲得好，金口玉牙讲得真；
　　龙凤朝阳今异彩，明年一定抱娃娃。

男：贵人实在贺得好，贺了一章又一章；
　　恭贺夫妻同地久，淑女明年变成娘。

女：贺得好，句句歌言贺得真；
　　贱把浅言来贺主，应该歌堂同步行。

男：贵贺一篇贱贺篇，贺得新人喜连连；
　　龙凤呈祥偕到老，夫妻恩爱万千年。

女：贵贺深来贱贺浅，浅浅歌言贺新人；
　　人寿年丰和气在，发家致富度光阴。

男：贵贺一声贱贺声，贺得鸾凤是天成；
　　明年双手抱宝宝，五年双手抱千金。

女：贺得好，贵人一口吐出金；
　　龙凤呈祥主人福，儿孙万代坐朝廷。

男：恭贺一句准一句，恭贺一篇准一篇；
　　男人讲话将军箭，女人讲话当得钱。

女：再恭贺，再把新人贺一堂；
　　主人福好千年在，儿孙个个状元郎。

男：贵人实在真懂礼，条条理路贺得通；
　　恭贺主人生贵子，家和人旺好兴隆。

女：再恭贺，浅言再贺是新人；
　　孝顺一生孝顺子，夫妻和气敬双亲。

男：人伦有五当金重，五福临门喜在先；
　　恩恩爱爱如鱼水，永结同心度月年。

女：贺得好，再来恭贺主家人；
　　恭贺老人添福寿，年丰人寿度光阴。

男：贵贺一句贱贺句，贵贺一声贱贺声；
　　恭贺老人添福寿，龙牙脱了又镶金。

女：贵是歌言贺得好，浅浅寒言也贺声；
　　恭贺老人福分好，子在朝堂万代兴。

男：喜见主家添福寿，再来恭贺主家人；
　　一年四季生意旺，个个儿孙值千金。

女：再来贺，再来恭贺主家人；
　　和气生财轮流转，四面财源滚滚来。

男：再恭贺，再来恭贺主家人；
　　一籽落地千结果，一根苗下几收成。

女：再来贺，再来恭贺主家人；
门口有株七彩树，七彩结金庆丰年。

男：贵是歌言贺得深，贺得住宅样样真；
后面来龙千万丈，前面高山绿水深。

女：贵是歌言贺得好，贱是粗言陪贺声；
前面来龙十二对，后面来龙十二双。

男：贵是歌言贺得好，代表主家来领情；
家住左边左丞相，家住右边出状元。

女：贵是歌言贺得好，四面八方都贺清；
金炉不断千年火，玉盏常明万岁灯。

男：贵是贺声贱贺声，贵贺一根贱贺根；
福往九重天上赐，财从八卦地中生。

女：贵是聪明贺得好，土中土内又生金；
宝鼎呈祥香结彩，银台报喜烛生花。

男：贵人好话恭贺主，贱把寒言贺主家；
六畜兴旺财源广，财也发来人也发。

女：贵人恭贺贱恭贺，贱人恭贺主家人；
吉祥门中进万宝，室内时藏百宝箱。

男：贵贺一声贱贺声，恭贺主家少年人；
　　读书天天得攒字，早日金榜早题名。

女：贵贺一声贱贺声，贱把言语贺主人；
　　东成西就事事就，心想事成事事成。

男：贵人恭贺贱恭贺，主人得听喜盈盈；
　　贺了一句准一句，贺了一声准一声。

女：再来贺，再来恭贺主家人；
　　招财童子年年在，进宝郎君落门庭。

男：贵人实在贺得好，贺得主家幸福来；
　　龙神常进千乡宝，土地时招万里财。

女：恭贺一声不贺了，一齐邀拢好收声；
　　恭贺主人阳春好，一颗出门万担收。

男：贵是贺句贱贺句，贵贺一章贱贺章；
　　栏里关猪大过象，笼里关鸡如凤凰。

（10）互贺

女：贵是高明贺得好，贱是目蒙陪贺声；
　　贺了这多不贺了，浅言恭贺贵家人。

男：贱是目蒙不上贺，领了贵人一片心；
贱把寒言恭贺贵，家中百事万年兴。

女：贱是寒苗恭贺贵，贵人福好在家庭；
子子孙孙得贵气，儿孙代代在朝廷。

男：领了意，领了龙恩一片心；
只是寒苗不上贺，麻雀不上凤凰啼。

女：再恭贺，再来恭贺贵家人；
恭贺贵人时运好，步步出门捡黄金。

男：多得贵歌来贺贱，贱把粗言贺贵人；
恭贺贵人财运好，门前黄土变成金。

女：好意一言贱领了，金口玉牙贱领情；
再把贵人来恭贺，儿孙代代坐朝廷。

男：领了意，领了官家一片心；
有福同享歌堂伴，以后如意又称心。

女：讲得好，金口玉牙讲得真；
贺了这多不贺了，几时相会慢才题。

男：贺主之前话讲过，贺了主人歌又题；
讲过前言对后语，半点不差才是真。

女：这个要求达不到，靠贵聪明原谅人；
收拢歌堂不唱了，几时相会又来题。

男：卯字在头田在底，车专二字紧相连；
中一脚下八仙坐，两脚腾云下四川。

（11）贺众堂人

女：贵贺之言贱领了，贱把寒言贺众人；
六亲九眷多劳累，个个回家早安康。

男：贵贺众人理本真，众堂老少费了心；
难为歌师这有意，众堂领了贵的情。

女：再恭贺，再来恭贺众堂人；
和气生财个个好，一年四季好安心。

男：贵贺众村人老少，贱是粗言陪贵声；
老者重新添甲子，少者石榴花样红。

女：难比贵人贺得好，贱是寒言辞一声；
辞了歌堂收拢了，歌堂收起贱回家。

（12）收歌（留转贵）

男：留转贵，歌堂留转贵家人；
一来留转歌堂伴，二来留转贵歌声。

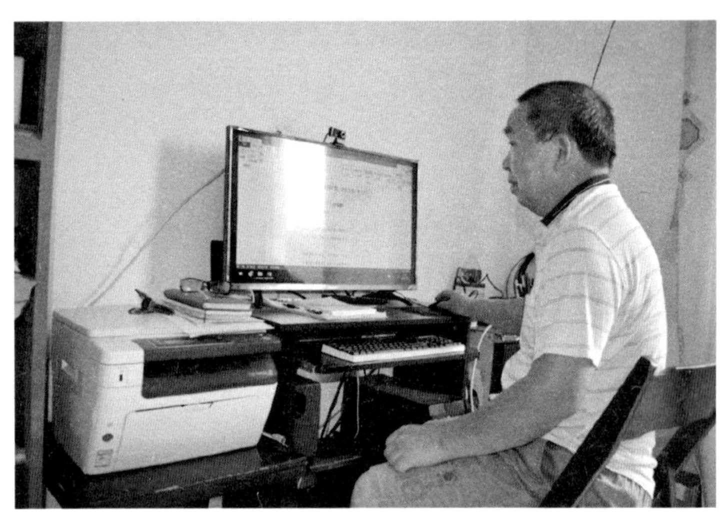

黄宝川整理瑶歌 / 莫纪德 摄

女：莫唱了，贵有龙恩贱领情；
　　等到几时得相会，几时相逢又来题。

男：这转相逢讲这转，二回相逢还二回；
　　晓得贵人歌这好，吃酒莫辞这一杯。

女：讲得好，贵人仁义重如山；
　　歌言讲到天明了，不比寒言不爱盘。

男：不要慌，不是春工和大忙；
　　不是田中搞收种，不是五月黄了秧。

女：是一样，也是阳春和大忙；
　　讲了前言对后语，贵回贵府贱回乡。

男：不要紧，慢谈慢唱过时光；
留转金篮和玉伞，留转贵人多耍天。

女：留不转，急水滩头留不回；
若是腊月来贵处，可以随贵多唱天。

男：话讲再多不舍意，为何那点有原因；
恐怕生活不习惯，还是礼节怠慢人。

女：不是寒单不舍意，只是六亲等不及；
熬了三天和三夜，家里事情丢一边。

男：贵放心，因为主人喜事情；
今夜洞房花烛夜，三夜寒歌过五更。

女：三夜洞房花烛夜，本是叔伯兄弟人；
也是众堂陪与贱，也吵洞房夜没眠。

男：只为众堂人欢喜，叔伯兄弟好开心；
又有歌师远路到，更加增添喜气新。

女：小小要求有一个，问贵愿听不愿听？
只为寒单无能耐，今晚补觉再开声。

男：没要紧，今夜歌堂今日题；
三天三夜一样唱，才是歌堂姊妹人。

女：贵家人，贵讲要求贱领情；
　　晓得种了绿豆子，下回必有好收成。

男：昨晚同君一夜话，胜如读了十年书；
　　这转相逢要舍意，以后时间再讲声。

女：贵家人，这个要求要领情；
　　今晚同台同贵唱，唱了这支就收声。

男：贵是若还不舍意，贱把寒言嘱咐声；
　　嘱咐歌堂人姊妹，以后专往贱村行。

女：贱邀起，贱把寒言邀一声；
　　舍了龙袍登玉步，到贱寒家耍两天。

男：邀了一声又二声，邀起歌姐人两名；
　　邀到寒家去一转，不嫌贫穷住两日。

女：唱了这多不唱了，一齐收拢好回程；
　　唱了一句收一句，唱了一章收一章。

男：留贵不回相送贵，贱把寒言送贵人；
　　大路不平慢慢走，平安还是在第一。

女：收了一句准一句，收了一声准一声；
　　邀起歌朋收拢了，一齐收拢转回程。

男：龙川竹影几千秋，云锁高峰水自流；
万里长江飘玉带，一轮明月滚金球。

女：孟子相交良慧青，孟良挑水洗歌厅；
孟良挑水歌厅洗，莫留歌本在歌厅。

男：贵说收拢就收拢，贵讲收声就收声；
贵有歌本收歌本，贱无歌本就收声。

女：孟子相交良慧王，孟良挑水洗歌堂；
孟良挑水歌堂洗，莫留半句在歌堂。

男：收一句来准一句，收一声来准一声；
歌书收到桃源洞，歌声收上九霄云。

女：莫唱了，柑子栾栾[①]滚过洲；
唱了这支不唱了，歌堂贵气一齐收。

男：八仙桌子四四方，八个瓷杯摆四行；
同桌吃饭隔千里，共个日头各一方。

男：唱到人间和宇宙，唱到江河与九州；
唱到五湖四海水，歌到今朝样样收。

女：唱到日月唱到星，唱到水木土火金；
唱到从前和以后，歌到今朝也收声。

① 栾栾：瑶族方言，圆圆的意思。

男：江南一处梅花开，一树梅花双手栽；
昨晚歌堂圆满了，二回相遇再安排。

女：昨晚歌堂收拢来，二回相遇摆歌台；
祝福歌堂人姊妹，个个回家发大财。

（黄宝川，男，瑶族，1957 年 12 月出生于三江乡栗田村。大专学历，小学高级教师。1997 年转任三江乡政府干部至退休。先后在《广西民间文学》《广西日报》《当代广西》《桂林日报》等报刊发表文章 200 多篇。现为恭城瑶族研究学会会员。）

孝堂歌

孝堂歌简介

孝堂歌，顾名思义，就是在灵堂唱的歌，俗称孝歌、哭孝歌。哭孝有两种情形：一种是流传于汉族地区的并且主要为女性在灵前的“哭诉”，没有固定歌曲；另一种就是孝堂歌，有固定的程式和歌曲。孝堂歌由湖南保庆传入恭城，并在瑶族地区广为流传。《观音乡孝歌》主要采集于观音乡水滨村，内容零散，而且加入了平地瑶的文化色彩，体现了保庆人与平地瑶孝道文化的融合。

西岭澄江源，古称岛坪源，民国后改称澄江源。澄江发源于恭城瑶族自治县西部海洋山，为恭城三大河流之一。澄江源面积300多平方公里，境内辖西岭镇的德良村、岛坪村、营盘村、东面村、椅子村和栗木镇的泉会村（旧称澄江头），人口逾万，保庆人占七成以上。孝堂歌反映了保庆人的丧俗。老人去世以后，举丧有四种形式：第一种是请师公做道场，第二种是请歌师唱孝歌，第三种是道场、孝歌兼具（为数较少），第四种是办“白酒”简葬。举办孝堂歌要请两位歌师前来唱孝歌，晚餐过后开唱。按程序先是“大起鼓”，然后是“进孝门”“火根源”“香根源”“纸根源”“酒根源”“烧香奠酒”“五滴酒”“十赞灵”“道五方”“古诗贤文”“十二个月分明”，最后是“寄鼓”“唱灵屋”“辞丧”“倒鼓”。次日清晨，移棺出门，登山安葬。如果唱两至三个晚上，保庆歌师还会唱历史（神话）故事歌，如《三姑记》《天仙配》《梁山伯与祝英台》《孟姜女》《薛仁贵》等。这些故事歌由孝家与歌师选定，第一晚唱至“十二个月分明”，然后接唱故事歌，以“寄鼓”结束。第二晚、第三晚以“小起鼓”开始，接唱故事歌，而后“唱灵屋”“辞丧”，以“倒鼓”结束。

1958 年以后，孝堂歌逐渐减少，不少地方因歌师去世而消失。唯澄江源于 1982 年以后有数量不多的歌师唱孝堂歌。恭城俗称“请人哭丧无眼泪”，但孝堂歌作为缅怀亡者的哀悼形式，对后人是具有教育意义的。歌师唱到切情悲凉之处时，闻者不禁潸然泪下。

（一）观音乡孝歌

1. 平戥大王有把秤

（观音乡蒋礼发搜集）

灵堂孝鼓莫停声，惊动亲朋到孝堂；
每人几句轮流转，超度亡者到天明。

我想前来唱一段，怎奈心中无主张；
昨天走那长街过，见了一家做道场。

七师八道九和尚，吹吹打打闹洋洋；
两边挂起十三殿，中间立起是灵台。

素色斋饭桌上摆，炉中烧起宝中香；
上房哭的儿和女，下房哭的姑婶娘。

媳妇哭得惊天地，儿女哭得断肝肠；
孝子钱财用火化，黄泉路上领歌章。

平戥大王有把秤，称来富贵有高低；
上等之人称不动，中等之人一百斤。

下等之人不上秤，称来不上定盘星；
上等之人金桥过，分出朝官宰相郎。

早起排巡打更鼓，齐放鞭炮到天光；
借问此人为何得，金牛口里葬爷娘。

中等之人银桥过，分出高明大富郎；
借问此人何处得，修路架桥舍财郎。

下等之人铁桥过，分出挑柴卖柴郎；
卖柴之人多辛苦，身上无件好衣裳。

借问此人因何得，前世烧了断头香；
孝子钱财用火化，亡者殿前领歌章。

2. 送亡者过十殿堂歌

（观音乡蒋礼发搜集）

鼓打三更到天明，金鸡报晓兔回乡；
棺木头上灯十盏，十盏明灯十殿王。

过一殿来灭一盏，奉送亡人上天堂；
亡者去世去得忙，辞别香火辞别房。
辞别妻室和儿女，又辞家中祖先堂。

孝子钱财用火化，化与家中祖先堂；
家堂祖先领钱纸，引魂童子送城王。

城王一见将言说，你是凡间行善人；
你的钱粮吃够了，你的寿元就这长。

城王送你地府去，领受文书奉君王；
城王殿前领钱纸，送过亡人一殿堂。

一殿阎君秦广王，滑油山上立殿堂；
滑油山上一条路，湿湿渣渣如油汤。

行三步来退两步，两脚难行罪难当；
孝子钱财用火化，化给一殿秦广王。

二殿阎君楚江王，奈何桥下立殿堂；
无罪之人桥上过，有罪之人打下江。

亡者在生多行善，奈何桥上走平安；
吩咐金童和玉女，金童玉女引过江。
孝子钱财用火化，化给二殿楚江王。

三殿阎君宋帝王，望乡台上立殿堂；
望乡台上转眼看，看见儿女哭断肠。

思想回家带儿女，阎王不许转回乡；
年年有个七月半，阎王发放魂回乡。
孝子钱财用火化，化给三殿宋帝王。

四殿阎君五官王，碓舂石磨不平常；
亡者跑在尘埃地，低头不敢看阎王。

阎王见他多行善，不肯送他进磨坊；
孝子钱财用火化，化给四殿五官王。
四殿五官领钱纸，送过亡者五官堂。

五殿阎罗天子王，黑脸胡子好凶狂；
吩咐牛头和马面，火锅盐油不平常。

有罪之人油锅煮，无罪之人免遭殃；
亡者在生多行善，火锅盐油免入场。

孝子钱财用火化，化给五殿阎罗王；
五殿阎罗领钱纸，送过亡人六殿堂。

六殿阎君六城王，刀枪山上立殿堂；
刀枪磨得银光亮，亡人看见心好慌。

无罪之人平平过，有罪之人上刀枪；
亡者在生多行善，阎王不给上刀枪。

孝子钱财用火化，化给六殿六城王；
六殿城王领钱纸，送与亡者七殿堂。

七殿阎君泰山王，铁狗山上立殿堂；
亡者拿起打狗棒，七个铁狗站两旁。

手拿冷饭丢下地，哄过铁狗过殿堂；
孝子钱财用火化，化与七殿泰山王。
七殿泰山领钱纸，送过亡人八殿堂。

八殿阎君平戥王；有罪无罪用秤量；
无罪之人有二两，有罪之人罪难当。

亡者他今不上秤，来世提你状元郎；
孝子钱财用火化，化给八殿平戥王。
八殿平戥领钱纸，送过亡人九殿王。

九殿阎君都市王，孟妻开店卖茶汤；
香茶香来是少有，其名叫作迷魂汤。

若是口渴将茶饮，心迷神乱走四方；
亡者在生多行善，口渴汤茶不许尝。

孝子钱财用火化，化给九殿都市王；
都市阎王领钱纸，送给亡人十殿堂。

十殿阎君转轮王，转轮法王坐殿堂；
吩咐牛头和马面，抬起轿子路上游。

亡者睡在轿子里，两条黑路一条光；
前世亡者多行善，阴阳殿里却去安。

一魂送在家堂上，人财两旺福寿长；
二魂送在坟墓上，推子推孙大吉昌；
三魂送在阴间殿，转世投胎再发光。

3. 倒鼓歌

（观音乡蒋礼发搜集）

此鼓莫向庙堂倒，庙堂不是倒鼓场；
庙堂本来有人坐，城王庙王坐庙堂。

孝子钱财用火化，化与城王和庙王；
城王庙王领钱纸，歌郎带鼓往村坊。

此鼓莫向村坊倒，村坊不是倒鼓场；
村坊本来有人坐，村坊土地坐村坊。

孝子钱财用火化，化给村坊土地王；
村坊土地领钱纸，歌郎带鼓往阳州。

此鼓就向阳州倒，阳州正是倒鼓场；
阳州本来又好耍，日斩猪来二斩羊。

此鼓在此安了住，永远不再回村坊；
此鼓放在桃源洞，鼓棒丢在九霄云。

打鼓柴头分了火，不在此处立歌堂；
九十多年抬一杠，一百多年抬一丧。

4. 十月怀胎歌

（观音乡蒋礼发搜集）

鼓打中间慢落青，大家好耍陪亡人；
一陪亡者这一夜，二陪亡者这一回。

灵堂孝鼓慢停声，有言禀报老师尊。
一二从头来告禀，告诉歌师莫问根。

盒内栽花根又浅，水上浮萍未落根；
父母生我家贫苦，又来拜过孔圣人。

六岁看牛上山耍，九岁做事到如今；
从小看牛不知事，如今长大是盲人。

有日挑柴长街过，遇着先生谈古文；
我想拿来灵堂唱，又怕一时记不清。

若是一时唱错了，各位歌师莫问根；
芭蕉叶子千条路，棕树脚下万条根。

不知哪条是正路，不知哪条是正根；
亡母生前多受苦，万般苦楚在怀胎。

中司父母书相请，怀胎父母说原因；
娘今怀胎一个月，不知六甲在我身。

娘今怀胎两个月，方知六甲上娘身；
怀胎二月娘知道，好比变了另个人。

娘今怀胎三个月，好比露水结成霜；
想吃东园李子果，又想西园杨梅尝。

娘今怀胎四个月，外家母亲早思量；
外家母亲对女讲，莫动火炉莫动床。

撞动床头非小可，犯了六甲罪难当；
娘今怀胎五个月，懒行懒动过时光。

未曾做事手扶凳，未曾睡觉手扶床；
头发懒梳饭懒做，懒在屋里做茶汤。

娘今怀胎六个月，面如柑子伴秋黄；
在家做女观音像，做人媳妇如灶王。

夜晚睡了懒起床，低头吹火叫声娘；
娘今怀胎七个月，儿在腹中吸血浆。

上岭如同挑重担，下岭好比捞米棒；
八幅罗裙围不过，肚翘就像竹箩筐。

娘今怀胎八个月，儿在腹中定阴阳；
左边转动是男子，右边转动是女娘。

一夜思量千条路，不知性命在何方；
娘今怀胎九个月，爷在外面赶回乡。

今日不知明日事，恐怕婴儿要离娘；
家中烧锅热开水，婴儿生下要洗凉。

娘今怀胎十个月，婴儿必定要离娘；
公在香火求保佑，婆在香火烧高香。

是男是女早分娩，莫把婴儿来累娘；
黄昏时辰娘肚痛，此时生下小儿郎。

娘与阎王隔张纸，好比潦河隔渡江；
牙齿咬得铁丝断，绣鞋踏得地皮穿。

金盆倒水来洗起，罗衣包起送给娘；
娘在床前如半死，差点一命见阎王。

上房伯娘都来看，下房婶母送鸡汤；
三朝做个洗三会，杀猪宰羊酿酒浆。

六亲九戚都来贺，贺生贵子结门房；
养儿不知娘辛苦，吃了几多娘血浆。

一日吃娘三肚乳，三日吃娘九肚浆；
娘乳不是长江水，不是青山树木浆。

养儿不知娘辛苦，睡了多少尿湿床；
左边湿了右边睡，右边湿了娘身上。

若还两边都湿透，双手抱儿睡胸膛；
双手抱儿胸前睡，儿来享福娘遭殃。

黄昏抱儿和父睡，娘要起来做茶汤；
儿在父床一时睡，睡了一刻又哭娘。

父又骂娘不爱子，娘又骂父不思量；
养儿不知娘辛苦，洗搓痛娘手一双。

六月河边洗裙子，日头晒得脸发黄；
寒冬河边洗裙子，雪风吹得透身凉。

养儿不知娘辛苦，养女方知父母恩；
也有女儿做媳妇，也有媳妇做妻娘。

多少王侯并宰相，也在母亲肚内装；
怀胎父母来解劝，怀胎解劝世上人。

劝与后来听明了，听明儿子敬爷娘；
怀胎十月娘辛苦，怀胎十月父母恩。

父母恩深难报尽，一日不失忠孝人；
怀胎父母领钱纸，下元父母领歌章。

5. 孝堂对歌

（观音乡蒋礼发收集）

（甲）
未曾开口自担心，耳烧脸热不安宁；
从来不当把歌唱，今晚有缘学歌声。

声音不好喉咙紧，唱的字眼听不明；
唱起头来忘记尾，不落关口不落名。

未读诗书无学问，半路出家艺不精；
还望歌师来指点，我今领教记在心。

本人爱听别人唱，常听别人唱古今；
多多少少记得点，今晚唱来开开心。

唱得好来莫夸奖，唱得不好要谅情；
三国英雄难表尽，两晋豪杰表不清。

南宋岳飞讲忠信，唐朝贤王李世民；
元朝灭宋居宋室，元璋统一国大明。

崇祯上吊清兵进，中原再次起风云；
多少记得唱一点，哪个师傅接我音。

（乙）
歌师本是唱歌人，真是有才又有能；
又是聪明有智慧，又能武来又能文。

唱的歌词又押韵，好像猛虎下山林；
离合悲喜表情好，唱的音词又好听。

语言温和又客气，不会出言来伤人；
唱的字眼又清楚，没有差错半毫分。

只有小弟见识浅，真是一个愚蠢人；
小时看牛又捡粪，总没上过学堂门。

井字当作半字认，往字认汪问先生；
有时牵牛去犁地，来回左右分不清。

走进一块韭菜地，还说麦子在发青；
好比瞎子去看戏，只会听点好声音。

（甲）
歌师唱的真高明，十阵交锋九阵云；
常言出斑出鹞子，处处都有贤能人。

出头船儿先下水，瞎子跳墙遇着坑；
仁兄摆的龙门阵，关四门来留四门。

放条出路给人走，言语不可乱伤人；
仁兄好比孙大圣，上天下地俱皆能。

小弟情愿退步让，我认输来你算赢；
句句都是真实话，并无半句是虚文。

（乙）
歌师唱歌花样多，又会编来又会说；
文学胜过孔夫子，韬略盖过汉诸葛。

歌师唱的老朝代，真是令人难得学；
螃蟹就说是螃蟹，蚌壳就说是蚌壳。

若是正确原谅我，歌师宽怀我知觉；
下次再有好机会，你我相连一股索。

（甲）
鸡鸣丑时天快亮，得罪歌师要回乡；
明日府上来赔罪，酒席会上好协商。

怪我是个瞎眼汉，有眼无珠看不穿；
礼仪不同休莫怪，言语不恭望恕宽。

宽仁厚德让过我，才是仁义盖过天；
话出千言必有错，古言树大不齐枝。

（乙）
孝鼓打得闹洋洋，闻听歌师在开场；
一个巴掌打不响，筷子原来是一双。

开起场来要人赶，唱起歌来要人帮；
久仰仁兄义气广，小弟与你帮个腔。

（甲）
五更三点闹洋洋，亲朋好友进孝堂；
小弟初学把歌唱，拜访歌师到贵乡。

第一拜上又拜上，拜上孝家福寿长；
今日小弟来拜上，还望仁兄帮个忙。

（乙）

五湖四海起东风，小弟今晚会仁兄；
诸位歌师来此地，有缘来到孝堂中。

名扬四海于天下，这才真是老行家；
不是小弟夸奖你，十人见你九人夸。

（甲）

歌师讲话太合心，仁义理智分得清；
久跑江湖常在外，五湖四海都有名。

言语来得多周正，小弟时刻记在心；
不是小弟夸奖你，赛过梁山宋公明。

（乙）

得会仁兄在孝堂，交朋结友果不差；
并不骄傲和自大，见面就把歌题拿。

（甲）

今晚唱歌孝堂中，有志之人大不同；
语言来得多稳重，好比庞统与卧龙。

犹如西游孙大圣，处处都在显神通；
不是小弟夸奖你，赛过常山赵子龙。

（乙）

得会仁兄在歌堂，兄台说话情意长；
久跑江湖时在外，能分五湖并六洋。

交朋结友仁两个，四海英雄都捧场；
仁语适合真义气，赛过梁山一宋江。

（甲）

唱得高来安得高，人要参师井要掏；
井掏三次出好水，人参三师才艺高。

小弟哪能不同道，还要歌师把我教；
眼内无珠不识字，沉香拿来当柴烧。

（乙）

服堂唱歌响当当，小弟一听好着忙①；
久闻仁兄姓名广，赛过三国刘关张。

四面八方都走过，江湖之中都内行；
前朝后朝我不懂，只能打个帮帮腔。

倘若哪人不同道，多蒙指教记心怀；
这是小弟真情话，并无半句是谎言。

① 着忙：方言，着急。

（丙）

日头落岭我起身，天黑才进孝家门；
走进孝家看一看，满堂都是唱歌人。

心想开口唱两首，声音不好怕开腔；
又怕言语有冒犯，恐怕得罪唱歌郎。

只得开言唱两句，一陪亡者二陪亲；
大家都是爱玩耍，唱个和气一条心。

（丁）

我今开口说一声，有请众位歌师听；
大家来到孝堂内，不是亲来也是亲。

不是亲邻是朋友，天下民众一家人；
今晚有缘来相聚，超度亡者上天庭。

（丙）

一进门来就唱歌，未曾先把礼仪学；
这位师傅少会过，不知好歌有几多？

把你好歌传给我，大齐唱个和气歌；
今夜我陪歌师坐，要把好的孝歌学。

（丁）

歌师唱歌唱得刁，天长地久实难教；
今晚不是师对手，鸡蛋碰石也不牢。

一龙难堵千江水，一人难抬四人轿；
骨子流血各有路，你唱三国我唱曹。

（丙）

久久听讲久久闻，久闻歌师是能人；
城内有钟城外响，闻其名来知其音。

（丁）

有心孝堂走一回，要唱几首把歌陪；
歌师带有千把锁，小弟钥匙要人背。

（丙）

你一声来我一声，好比打马去北京；
大马跑得慊慊颤，小马跑得血喷心。
大马拴在梧桐树，小马拴在芭蕉根。

芭芒叶子千条路，随师爱走哪条行；
歌师前面唱起走，小弟随后紧紧跟。

（丁）

歌师唱歌声气大，小弟听了乱如麻；
走路听了如跑马，唱歌如同吐枇杷。

晓得歌师江湖耍，今晚行家对行家。

（丙）

不会唱歌不来玩，不识水性不渡江；
拿块豆腐做船板，芭蕉叶子做船舱。

二十四块天花板，拿把灯草做桅杆；
大江小江我渡过，难道小河把船翻。

（丁）

不是沙路不坏鞋，不是角色不上台；
不合我葱不卖蒜，不会唱歌我不来。

虽然我的才学浅，敢与歌师讲文才；
一人一首唱起走，霜打梅花对雪开。

（丙）

唱歌老师不要忙，你听我来说此方；
把师当作雪山样，日头一出化长江。

河中淹死会水匠，会打官司坐牢房；
一百文钱想放账，一斗谷子想修仓。

渔家作乱把水涨，萤火虫想放毫光；
鸡蛋拿来放手上，一把捏你出蛋黄。

（丁）

唱歌仁兄莫荒唐，说话不可太猖狂；
鲤鱼怕的拦江网，野猪又怕野豺狼。

人怕出名猪怕壮，赖账就怕剥衣裳；
臭虫怕的是开水，霜雪怕的是太阳。

（丙）

唱歌先生休夸能，能人之中有能人；
鲁班门前捉弄斧，孔子面前休甩文。
男人坐月是扯谎，公鸡生蛋是哄人。

四书五经你读过，吟诗作对你都能；
哪个朝代你都懂，咬文嚼字算一名。

（丁）

歌师对来不要忙，二人骑马上战场；
兵对兵来将对将，不准哪个来帮忙。

若是哪个找帮手，追得鸡飞狗上墙；
星星怎能比月亮，乌鸦怎能比凤凰；
黄牛怎能比骡子，灯光怎能比太阳。

今夜孝堂把歌唱，无非就是比短长。
赢者不能得官做，输者不会有名扬。

（丙）

唱歌不唱骂人歌，骂人之歌我也多；
好言说劝你不听，无妨与你唱几合。

小小牛犊出娘肚，先学撬人后长角；
三升老糠送你吃，三泡牛屎要你屙。

把你拉到田里去，犁头耙子要你拖；
不拖就该你挨饿，你才晓得受苦熬。

若是跌岩倒坑死，拿你牛筋煮汤锅；
煮熟拿到街上卖，看你可恶不可恶。

（丁）

歌师且莫喜容颜，好比水牛下烂田；
怕你再犟还要跑，穿起鼻拴由你先。

拉起犁耙你不走，屁股送你几刷鞭；
若是不走还耍赖，肚皮抖你几脚尖。

（丙）

歌师唱歌来得凶，出来撞个罗端公；
徒弟要拿铜刀砍，师傅要拿神棒舂。
看你实在讨人恨，我也不把你放松。

（丁）
不怕歌师嘴会说，纵有几首也不多；
好比下棋个找个，将遇良才是巧合。

今夜孝堂来斗嘴，弟今岂肯来示弱；
凭你七十二变化，我还比你变得多。

变狗就要乱棍打，变成耗子猫来抓；
凭你会变我不怕，岂会将你来放脱。

（丙）
我看歌师有毛病，我不下药不配方；
不知谁的疗法好，不能治好你安康。

（丁）
歌师毛病是生气，放屁都是你病根；
一时止住肚子痛，吃草尽是打栾吞[1]。

（丙）
歌师毛病真怪哉，我在医你经又来；
行医之久常在外，几服好药带回来。

不是小弟夸海口，孝堂歌师无人才；
歌鼓堂前你稳坐，我拿钥匙把锁开。

① 打栾吞：方言，囫囵吞枣的意思。

我的膏药跑四海，天下名医不敢挨；
来了一个医一个，只有我才吃得开。

（丁）
那个去了你又来，心中一定有安排；
不是回去拿书本，就是去搬师傅来。

凭你有歌千百首，今晚遇着烂秀才；
歌师肚内装得有，不管好坏端出来。

我有钥匙开你锁，才能教会你学乖；
你既要来不见外，安心坐下莫走开。

（丙）
怪得歌师嘴会说，刷子无毛板眼多；
看你毛病是痒病，把你病根说一说。
要用捅杆捅屁股，要用铁匠搞铜锣。

铁匠敢出铜刀子，割你后头那两坨；
只要把你放下地，凭你再凶跑不脱。

（甲）
歌师傅来老兄台，别人歇气等我来；
刀切豆腐称口快，铜斧拿去砍毛柴。

其他仁兄放弃你，我来与你打擂台；
不怕歌师你会唱，牵你鼻子去逛街。

（乙）
仁兄唱歌莫逞能，莫把别人来看轻；
孔子三千众徒子，其中七十二贤人。
强中更有强中手，能人之中有能人。

今晚仁兄歪得很，看来不是等闲人；
今夜有缘来会面，看你要定哪条行。

（甲）
仁兄唱歌莫甩文，不怕别人比你能；
山高也有人行路，水深自有渡船人。

堂前歌师多得很，难道只有你才行；
切莫高傲和自大，依我看来无一成。

（乙）
岩上吊起一盏灯，飞蛾扑火要小心；
任你长有双翅膀，引火定要自烧身。

听你唱歌那股劲，依我看来也不行；
打铁不讲身子大，只凭四两拨千斤。

（丙）
晓得歌师爱比经，你同我拉扯不赢；
你只去扯山豆根，不要扯我金竹林。

摸到叶子会咬手，哪还能摸我的根；
你今不是我对手，请你走开让别人。

（丁）
名师嘴巧莫乱嘟，好像一头大肥猪；
屠夫按在长凳上，白刀进去红刀出。

放在锅里热水烫，刮去猪毛把肚开；
掏了肝肠和肚肺，砍刀劈开两大边。
每斤作价街上卖，看你还要嘟不嘟。

（丙）
无人起头我起头，起个头马转角楼；
松木板子搭桥过，三个妹仔在梳头。

大姐梳的盘花髻，二姐梳个凤凰头；
唯有三姐梳得好，梳个狮子滚绣球。
绣球滚在黄河内，歌师滚在门外头。

（二）西岭澄江源孝堂歌

1. 大起鼓

（西岭镇椅子村刘祖民提供，莫纪德搜集整理）

日吉日良，天地开张，天开黄道，打鼓闹丧。
哪家打鼓？孝家打鼓。哪家闹丧？孝家闹丧。

何人指定打鼓闹丧？田真指定打鼓闹丧。
何人指定起屋上梁？鲁班指定起屋上梁。

何人指定判金断玉？萧何指定判金断玉。
何人指定男女成双？周公指定男女成双。

一土变成墙，高祖问张良；
韩信问住处，乌江问霸王；
霸王乌江死，韩信一旦亡。

天灵灵、地灵灵，灵前花鼓响沉沉。
孝堂之内，孝义为尊；丧堂之内，礼仪先行；
歌堂之内，尽是死人。丧棺之内，豪杰纷纷。

净心、净心，听我过晚玉福叮咛：
打扫堂前内，满装炉内香；

宝香装一炷，诸煞莫停丧；
宝香装两炷，亡者听言章；
宝香装三炷，拥护唱歌郎。

金书归至，相请歌郎；
都来都来，快来梳妆；
梳开大路，歌郎进来。
东边云来，西边雨来；
云来相助，锣鼓相随。

礼仪先行，灵前花烛灯，炉内装宝香。
前朝仁宗丧母，四门挂榜请歌郎。

先请张华三来李华四，头戴一顶乌纱帽，
身穿一身紫龙袍，腰束一条黄丝带，
脚穿高跟鞋一双。

急急忙忙，来到歌堂，要打三槌丧鼓；
不会打三槌丧鼓，也唱三句丧歌。

左手推车车不动，右手推车车不行。
左行三转鸡不叫，右行三转犬不啼。

此等歌郎不是郎，三斤粗米送别方；
挑柴运水另挂榜，请得田真田宝田庆三位郎。

头戴一顶孝冠帽，身穿一套孝衣衫；
腰捆一根草索带，脚穿草鞋是一双。

急急忙忙丧歌郎，
要他打三槌丧鼓，他就会打三槌丧鼓；
要他去唱孝歌，他就会唱三句丧歌。

左手推车车也动，右手推车车也行；
左行三转鸡也叫，右行三转犬也啼；
此等歌郎才是郎，三杯美酒请进歌堂！
问：请问歌郎，你走哪方哪路而来？
答：东方东路而来。
问：你走东方东路遇着什么紧急？
答：并无什么紧急，遇着一位八十公公，
　　手执一根拐棍，哭哭啼啼，啼啼哭哭。
　　不知此哭什么，怎的怎的？

　　八十公公进花园，手执拐棍哭连连；
　　花开花落年年有，人老何曾转少年。

问：又问歌郎，你走哪方哪路而来？
答：走南方南路而来。
问：你走南方南路遇着什么紧急？
答：并无什么紧急，遇着一位八十婆婆，
　　手执一盏明灯，哭哭啼啼，啼啼哭哭。
　　不知此哭什么，怎的怎的？

第一黄帝立孝礼，第二周公置孝堂。
第三盘古置哭杖，第四孝门去送丧。

天子去世楠木葬，玉姑死了五同桑。
凡人去世杉木板，六尺二寸不得长。

天子死了杀牛祭，玉姑死了杀猪羊。
凡人死了三鲜祭，三鲜酒礼去烧香。

此等根源从古起，至今传留在凡阳。
因为仁宗死了母，仁宗死母请歌郎。

先请师公来检验，后请和尚做道场。
七七四九良缘满，抬起仁母送山岗。

一抬抬上狮子岭，二肩抬到看牛场。
抬到湖泥坑里过，一阵狂风吹下塘。

仁宗老母不见了，前后左右乱纷章。
左丞右相把本记，四门挂榜请歌郎。

请得张三和李四，急急忙忙到歌堂。
请得二人同来到，急急忙忙到丧堂。

唱了一天并一夜，不知仁母在何方。
唱了两天并两夜，无踪无影无下场。

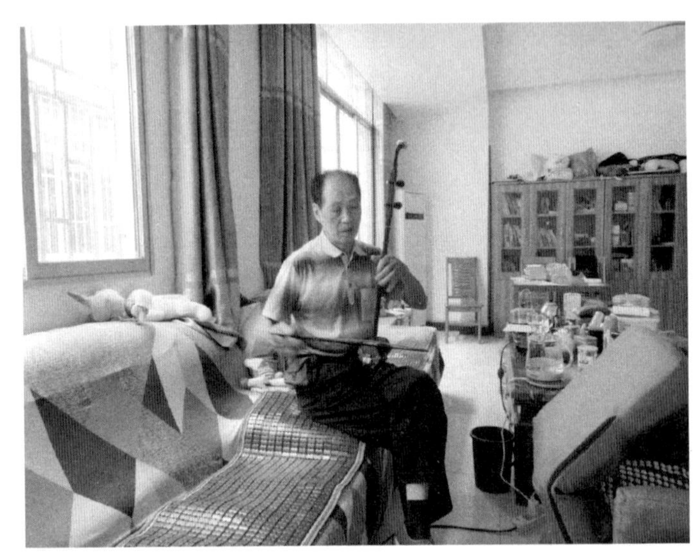

刘祖民用二胡演奏孝歌 / 莫纪德 摄

唱了三天并三夜，杳无音信下无方。
此等歌郎不是郎，三斤糙米送别方。

四门挂榜另外请，田真田宝田庆三位郎。
三位弟兄一路进歌堂，请得三人齐来到，
湖泥坑内立歌堂。

唱了一天并一夜，现出棺盖水面行；
唱了两天并两夜，一座棺墙现分章；
唱了三天并三夜，一座棺木放毫光。

八洞神仙来起柩，八大金刚把命行；
轻轻抬到龙凤地，葬了仁母得安康。

起鼓根源略表过，略略表过在孝堂；
粗言几句收了韵，将歌过与会书郎。

2. 小起鼓

日吉日良，天地开张，
天开黄道，打鼓闹丧。
哪家打鼓？孝家打鼓。
哪家闹丧？孝家闹丧。
装满炉内香，鼓打一槌，震天动地；
鼓打二槌，震地动天；
鼓打三槌，震动田真三位；
鼓打四槌，震动四大梅山；
鼓打五槌，震动五子行孝；
鼓打六槌，震动六子六娘；
鼓打七槌，震动七仙姊妹；
鼓打八槌，震动八大金刚；
鼓打九槌，震动九天玄女；
鼓打十槌，震动十大阎王；
鼓打十一开歌唱，水有源头树有根。

3. 进孝门

进了孝家一重门，只见黄犬叫沉沉；
反手扯根篱笆棍，打开黄犬进孝门。

一重门上烧钱纸，引魂来进二重门；
槽门石鼓在高庭，何人打得石鼓响？
更夫马上到朝廷。

二重门上烧钱纸，引魂来进三重门；
进了孝家三重门，拜见田真三位人。
田真田宝三兄弟，拥护后朝唱歌人。

三重门上烧钱纸，引魂来进四重门；
进了孝家四重门，拜引刘氏四娘身。
刘氏四娘多行孝，亏了目连救母亲。

四重门上烧钱纸，引魂来进六重门；
进了孝家五重门，五子行孝在高庭。
请动五人归左右，歌郎一步到丧庭。

手执钱财用火杖，五子行孝受钱情。
五子行孝受纸钱，陪伴亡者听歌音。

五重门上将歌占，引魂来进六重门；
进了孝家六重门，六出祁山是孔明。
七擒孟获立王峒，八阵图中六逊门。

六重门上烧钱纸，引魂来进七重门；
进了孝家七重门，七星拱照孝家门。
七天七夜来相会，阴河鸡犬乱纷纷。

七重门上烧钱纸，引魂来进八重门；
进了孝家八重门，八仙过海闹沉沉。
采和手执云杉板，各显神通过海能。

八重门上烧钱纸，引魂来进九重门；
进了孝家九重门，九天玄女下罗针。
白鹤仙人来点地，点穴好地葬新魂。

九重门上烧钱纸，引魂来进十重门；
进了孝家十重门，十人姊妹去游春。

去年游春十姊妹，今年只见四双人。
请问二人归何处，白云山上去修行。

十重门上烧钱纸，引魂来进十一重门；
进了孝家十一重门，只见孝家哭沉沉。

女的哭落胭脂粉，男的哭落孝头巾；
晚劝孝门少悲泪，亡者一去不归程。
父母恩深终有别，百岁难免命归阴。

十一重门上烧钱纸，引魂来进十二重门；
十二重门上郎不去，生人不踏死人门。

十二重门上略表过，水进深潭未表明；
十二重门上烧纸钱，将歌请动向前行。

4. 火根源

初开天地是无火，单衣木石过时光。
火源原是石家女，火源原是铁家郎；
嫁与铁郎为夫妇，同行同拜结鸳鸯。

龙汉一年来过礼，龙汉二年结成双；
龙汉三年有身孕，龙汉四年生下郎。

生下一块皮胎肉，将它丢下大河江；
罗隐秀才行天下，望见桥下放毫光。

将手捡石打三下，打出红火遍山岗；
一条走到东海去，烧了东海木国王。

二条走到南海去，烧了南海佛善堂；
三条走到西海去，烧了西海佛祖堂。

四条走到北海去，烧了北海九渡江；
五条走到中央去，烧了中央一堵墙。

火字头上略表过，粗言几句表分章；
火字根源从前起，至今流传在凡阳。
晚将火根收了韵，另请歌师道香娘。

5. 香根源

接你音来道你唱，晚来接起道香娘；
初开天地无香信，白日无言道上苍。

先烧两片吐香根，后烧两片是吐香；
烧与天来天不应，烧与地来地不当。

昔日雷王不应见，推下蛮雷五百双；
即时打过鸣风洞，震动香信走十方。

一条走到天子殿，天子年年烧玉香；
二条走到南洲去，至今此地去南香；

三条走到模洲去，至今此地是模香；
四条走到龙洲去，至今此地是龙香；

五条走到满洲去，至今此地是满香；
六条走到田洲去，至今此地是田香；

七条走到降洲去，至今此地是降香；
八条走到山东去，至今此地是山香；

九条走到楚南去，至今此地是楚香；
十条走到本洲去，至今此地是本香。

香根头上略表过，粗言几句表分章；
香字头上收了韵，另请别位道纸娘。

6. 纸根源

混沌年间无纸卖，无纸设备不成章。
王母咸[1]得引麻索，交与凡间种笋娘。

蔡伦先师能何道，他今是个普相郎。
想尽千方与百计，和成南竹造纸张。

青竹种在桃源洞，桃源洞内去安藏；
先种三年不生笋，后种三年笋不生。

丙午年间雷声动，震动凡间笋生娘；
一共生出七根竹，蝗虫咬断二根娘。

还剩五根冲天长，蔡郎拿来造纸张；
三月谷雨去砍倒，五月端午上纸塘。

拖到纸塘用灰咬，石灰泡了上火塘；
泡了七天并七夜，轻捶细打白茫茫。

割成梱数用箩袋，槽头里内捞纸浆；
马尾拿来做梳子，忙忙碌碌做成张。

---

① 咸：方言，少。

先造三片不成纸，后造三片不成张；
忙请张良来设计，设出好计共商量。

只请麻廉并李耿，三人设计共主张；
三人设计商量好，顺利把纸做成张。

先造一槽是草纸，蒙童拿来入学堂；
二槽造出是书纸，秀才拿来做文章。
三槽造出是宣纸，官员拿来奉君王；
四槽造出是黄纸，僧人拿来奉玉皇。
五槽造出是火纸，凡人拿来奉新亡。

此纸根源从前起，至今遗传在凡阳；
纸字头上略表过，另请歌师向前行。

7. 酒根源

初开天地是无酒，就将酒根道分章；
吃茶还有茶山地，吃酒还有酒根娘。

康公家里多豪富，家中豪富有田庄；
一阵火来饭又滚，二阵火来饭又香。

三煎火来饭又熟，先装一碗故中堂；
伏望神灵来保佑，保我挑饭过南庄。

一肩挑到看牛岭，二肩挑到歇凉场；
轻轻挑到南庄地，望见耕牛无数双。

耕牛好似龙分水，牛童好似雁排行；
大喊三声吃茶饭，小喊三声吃茶汤。

忙到沟边洗脚手，洗净脚手吃茶汤；
老者坐在田埂上，少者打个小脚盘。

先装一碗忙忙吃，旁边还有刘娘媳；
又被丈夫打三下，又被伯爷恨三声。

丈夫打我如小可，伯爷恨我罪难当；
刘媳心中得一计，心中得计转回乡。

一个头上加升米，十个头上用斗量；
加起三升三斗米，自然不恨我刘娘。

急急忙忙去洗米，洗净米来上火塘；
上了火塘饭又熟，又装一碗敬中堂。

急急挑到南庄地，望到插田雇排行；
大喊三声吃茶饭，小喊三声吃茶汤。

人少饭多吃不了，不敢挑回见爷娘；
想要倒到田中去，田神土地不容想。

又想倒到地边去，过路君子道短长；
又想倒到山中去，又怕罪恶难承当。

又想倒到河中去，水府神爷不容娘；
刘媳心中得一计，心中得计是高强。

后园有蔸空心树，将饭倒到树中藏；
凤凰采花做酒药，喜鹊贪花盖四方。

一朝早起去看饭，只见饭面气冲忙；
二朝早起去看饭，只见饭面有酒香；
三朝早起去看饭，一缸美酒树中藏。

康公打马山中过，闻得山中有酒香；
便请家君去寻酒，寻得美酒树中藏。

张良仙人会打桶，螃蟹仙人把酒装；
忙忙抬起回家去，康公见了喜洋洋。

先装一碗敬天地，后装一碗敬中堂；
又装一碗众君吃，众君都说好酒浆。

再装一碗盖朝去，天子封为酿酒娘；
酒字根源从前起，至今遗传在凡阳。

酒字头上略表过，略略解释在孝堂；
三言两字收了韵，另请歌师唱别行。

8. 烧香奠酒

别的言语收未唱，烧香奠酒应当行；
今晚粗人来到此，要与新亡去烧香。

烧香还有烧香路，拾金还有窖金郎；
香也到来火也到，有香有火到灵堂。

借起此方寅癸水，晚将洗手去烧香；
未曾烧香先洗手，一心敬奉你爷娘。

满堂孝冠底头拜，同行同拜去烧香；
道师烧香有七步，脚踏七步去烧香。

和尚烧香有八步，脚踏八步八金刚；
元皇烧香有九步，脚踏九度九州罡；
歌郎烧香无数步，三步拿来两步行。

说此香，道此香，生在处处死在何方？
说此香，道此香，生在雷峰山上死在雷峰山下。

生得伶俐花朵，上生七十二枝，下生七十二根，
根根插地，枝枝朝天，无人敢去，无人敢看。

八月十五中秋夜，文武相斗，
缘何夜里来相看，认得此木是神香。

大本客，用船装；小本客，用箩装；
挑到十字街头卖，口口声声卖神香。

天子有钱买一炷，敬奉上苍玉帝王；
庵堂冠元买一炷，拿来敬奉佛祖堂；
孝家有钱买一炷，拿来敬奉你爷娘。

十指尖尖，拿在炉边；
十指冲冲，拿在炉中；
宝香装一炷，敬奉玉皇前；
宝香装二炷，敬奉阎王前；
宝香装三炷，敬奉秦王前；
三炷、三炷，敬奉亡人面前；
无风自起，无火自燃；
呜呼哀哉，伏惟尚飨！

初炷宝香自炉内，香烟飞飞奉上苍；
玉皇闻得香信到，晓得凡间有人亡。

二炷宝香自炉内，香烟飞飞奉下方；
阎王闻得香信到，凡间人死立歌堂。

三炷宝香自炉内，香烟飞飞奉中央；
秦王闻得香信到，凡间人死烧孝香。

烧了香来还有礼，灵前四拜理应当；
一拜亡者登仙界，二拜亡者早还阳。

三拜亡者早脱化，早早脱化转凡阳；
礼当灵前有四拜，留下一拜走十方。

烧了香来要奠酒，烧香奠酒一路行；
两堂荞麦一堂打，两堂法事一路行。

写上单木赶个急，弯路架桥赶急行；
今晚玉人来到此，要到灵前奠酒浆。

金丝银壶借一把，金盏玉杯借一双；
平日拿来无用处，今日拿来摆灵堂。

说此酒，道此酒，初开天地是无酒。
刘媳手中造成酒，先煮一缸淡又酸；
后煮一缸，一甜一香；
秀才吃了，读念文章；
君子吃了，睡在高床；
小人吃了，回家拿动刀枪；
吓得儿女好不惊惶，何不少吃，何不少尝！
我还是去年九月九日吃了酒，今年对月两重阳。

说此壶瓶，道此壶瓶，几十几两黄金来造成；
前头打个什么嘴，后头打个什么行？
上面打个什么盖，下面打个什么瓶？

说此壶瓶，道此壶瓶，三十六两黄金来造成；
前面打个金杯嘴，后面打个有丝行；
上面打个狮子盖，下面打个聚宝盆。

打开银壶初奠酒，一杯美酒劝新亡；
此酒不是凡人制，刘氏制起敬新亡。
亡者下台亲领受，吃得美酒喜洋洋。

此肉不是凡人制，张屠制起敬新亡；
亡者下台亲领受，吃得此肉往西方。

打开银壶二奠酒，二杯美酒劝新亡；
此酒不是凡人制，杜康造酒敬新亡。
亡者下台亲领受，吃得美酒醉分张。

此肉不是凡人制，刘屠制起敬新亡；
亡者下台亲领受，吃得此肉上天堂。

打开银壶三奠酒，三杯美酒劝新亡；
此酒不是凡人制，祖宗劝你要多尝。
请你下台亲领受，吃得美酒快乐强。

此肉不是凡人制，陈屠制起敬新亡；
亡者下台亲领受，吃得此肉见阎王。

自古三杯通大道，设有四杯劝新亡；
礼当敬你四杯酒，留下一杯奉孝堂。
酒中不醉真君子，财上分明大丈夫！

9. 五滴酒

一滴酒来滴东方，古人行孝唱孟郎；
孟宗老母身有病，三年大病不安康。

孟宗本是行孝子，时时问母要甚尝；
百般美味都不想，思量冬笋煮汤尝。

此是寒冬并腊月，哪有冬笋奉爷娘；
孟宗种有三根竹，蝗虫咬断二根娘。

孟宗跪在南竹下，双手抱竹泪汪汪；
孝心感动天和地，就现青红笋一双。

孟宗拿回与娘吃，三年大病就离床。
手拿钱财烧火化，烧与东方行孝郎；
东方孟宗受纸钱，你带新亡过西方。

二滴酒来滴东方，古人行孝唱丁郎；
丁南一岁爷先死，丁南二岁死了娘；
三岁就靠叔爷养，叔爷把他养成郎。

丁南长成年七岁，常到邻舍问爷娘；
左邻右舍将言道：孤儿要想认爷娘。
你爷像你三叔父，认娘像你四婶娘。

忙请三叔四婶坐，将木刀刻敬爷娘；
六月抱娘去歇凉，手巾扇子在两旁；
腊月抱爷去烤火，一炉炭火白茫茫。

叔爷看见不应见，何必敬奉木头娘；
两手将木来破烂，地下血流半间房。
丁南见了心难过，不觉两眼泪汪汪。

丁南本是行孝子，至今流传在凡阳；
手执纸财烧火化，烧与南方行孝郎。
南方丁南受纸钱，带领新亡上天堂。

三滴酒来滴西方，古人行孝唱刘娘；
刘媳顺母身有病，三年大病不离床。

刘媳本是行孝女，朝日问母要甚尝？
百般美味都不想，只想人肉煮汤尝。

刘媳心中得一计，心中得计往街坊；
街头街尾都找遍，还未找到杀人行。

刘媳开言问屠夫：人肉摆在哪一方？
街坊屠夫开言骂，无义女子不思量！

街上只有杀猪店，哪有人肉摆街坊。
刘媳心中得一计，得计忙忙转回乡。

求人不如求自己，不如自己动刀枪！
男人割了左边腿，女人割了右边膀。

忙到厨房烧起火，调和五味下生姜；
忙将人肉给娘吃，三年大病就离床。

手执钱财忙火化，烧与西方行孝娘；
西方刘氏受纸钱，带领新亡往西方。

四滴酒来滴北方，古人行孝唱张娘；
秦始皇帝登一主，要修城墙万里长。

家有三丁抽一个，家有五丁抽一双；
曹州范花生一子，独马单枪也要行。

一抽行到长安地，丢下贤妻守空房；
此是寒冬并腊月，姜女房中想夫郎。

一时想起亲夫主，想起夫君无衣裳；
就将衣服来拣起，收拾行李把路行。

走路不怕路辛苦，过河不怕短和长；
不觉行到长安地，不知夫君在何方。

东墙寻到西墙去，南墙寻到北墙方；
四方城墙都寻到，不见夫君在何方。

姜女寻哭长安地，哭倒城墙万里长；
城墙人骨如山数，不知哪个是夫郎。

就将十指来咬破，十指点血看分章；
不是我的亲夫主，十指点血流两旁。

要是我的亲夫主，两指点血骨中藏。
十指尖尖都咬破，寻到我夫范喜良。

请个师公来检验，请个和尚做道场；
七七四九良阴满，背起人骨转回乡。

背在前头挡了路，背在后头路好行；
夫妻情义从前起，至今流传在凡阳。

手拿钱财烧火化，烧与前朝孝义娘；
北方姜女受纸钱，万古流传在凡阳。

五滴酒来滴中央，古人行孝是王祥；
王祥本是行孝子，经常问母要啥尝。

百般美味都不想，只想鲤鱼煮汤尝；
腊月寒冬下大雪，哪有鲤鱼煮汤尝。

王祥流泪长江走，想起母亲泪汪汪；
将身睡在冰河上，就现金丝鱼一双。

王祥拿回与娘吃，母亲病好就离床；
手拿钱财沉火化，烧与中央行孝郎。

中央王祥受纸钱，带领新亡往西方；
我将歌词到此止，请动歌师不要盘。

10. 十赞灵

一在其间好赞灵，亡者死得好分心；
全家大小都不顾，何故做出这般情；
穿起衣裤鞋和袜，犹如打扮过南京。

二在其间好赞灵，亡者死得好分心；
天晴不见人踪影，下雨不见脚中行。

三在其间好赞灵，亡者死得好分心；
千言万语喊不应，犹如哑子见观音。

四在其间好赞灵，四邻右舍在高厅；
坐在四方高朋友，今日亡者孤零零。

五在其间好赞灵，明灯照见孝家门；
照见亲明堂中坐，叹息亡者阴中行。

六在其间好赞灵，六亲九眷孝家行；
只见六亲堂中转，只叹亡者往西行。

七在其间好赞灵，七星拱照孝家门；
七天七夜来相会，阴河鸡犬乱纷纷。

八在其间好赞灵，看见孝门泪淋淋；
我劝孝门少悲泪，亡者一去不再归。

九在其间好赞灵，亏了厨前灶后人；
为得亡者今宵夜；忙得一夜不收停。

十在其间好赞灵，怀念田真三位人；
唱歌还是你唱起，至今流传在凡民。

11. 道五方

今日唱了五滴酒，还要灵前通五方。
一唱东方甲乙木，就将木字道分章；
在生之日木无用，死了还要木来装。

二唱南方丙丁火，又将火字道分章；
在生莫说火无用，死了还要火烧香。

三唱西方辛酉金，又将金字道分章；
在生莫说金无用，死了还要金来装。

四唱北方寅癸水，又将水字道分章；
在生莫说水无用，死了还要水洗凉。

五唱中央戊己土，又将土字道分章；
在生莫说土无用，死了还要土来葬。

12. 古诗贤文

正月初一唱古情，百皆往京去求名；
撞看京中牛丞相，就将小弟配成婚；
百世修来共船渡，万世修来共枕眠。

初二又道古人云，五娘剪发葬母亲；
亏了善良赵氏女，罗裙兜土葬亡魂；
路途险阻难回避，事到头来也要行。

初三又道古人云，山伯杭州遇英台；
同窗读书三年满，不知英台是女人；
画虎画皮难画骨，知人知面哪知心。

初四唱歌比古情，六亲九眷花里庭；
流水下滩非有意，百云出油本无心。

初五赞来唱古情，张富秀才会红英；
红粉佳人休便老，风流浪子莫叫贪。

初六赞来唱古情，关公秉烛到天明；
只想桃园三结义，谁知独子好分心；
美不美来山中水，亲不亲来故乡人。

初七赞亡唱古情，拔山峰顶霸王身；
八仙过海皆吹散，分了江山是分心；
龙游浅水遭虾戏，虎落平原被犬欺。

初八又来比古情，范郎丢妻为何情；
只为秦王修万里，善良女子哭长城；
所谓路遥知马力，将来事久见人心。

初九赞亡唱古情，张公九代来成婚；
只因娶得田氏女，吵闹江山不太平；
一家之计在于和，一生之计在于勤。

唱个初十比古情，金娘胜过道强人；
遇着年乱来结拜，千里送她转回程；
常言是亲却是亲，看来非亲才是亲。

十一又来比古情，关辞曾官去起身；
关辞曾官不得乱，歌郎便贺使登程；
此事钱财如粪土，看来仁义值千金。

十二赞亡比古情，毛洪配偶张玉英；
后来毛洪家贫了，要与毛洪写退婚；
易涨易退山溪水，一反一复小人心。

十三赞亡比古情，子瞻时代有才人；
那晚何公真实掌，二十四书尽道明；
小时若不登高望，谁信东流海样深。

十四又来比古情，苏秦去京想求名；
家中人客难接应，国中拜相转回程；
在家不会迎宾客，出路方知少主人。

十五赞亡比古情，人生一世有富贫；
贫困之时挑柴卖，富贵之时远传名；
贫在闹市无人问，富在深山有远亲。

十六赞亡比古情，蒙西受苦破宗屈；
状元及第新气象，打马过街中头名；
正是读书书有意，真言一句值千金。

十七赞亡比古情，刘备关张弟兄情；
杀猪杀牛敬天地，同生同死一条心；

相逢好似初相识，到老终无怨恨心。

十八又来比古情，李白文章传古今；
李白前朝秀才子，万古传名到如今；
看来酒逢知己饮，果然诗仙传万世。

十九又来比古情，西回好孝远传名；
可惜聪明不长久，三十二岁命归阴；
山中只有千年树，世上难逢百岁人。

二十赞亡比古情，洞宾来到汉阳城；
吃了亲戚半杯酒，黄鹤楼上现身形；
假若染就真红色，也被旁人说是非。

廿一赞亡比古情，田地收入靠耕耘；
一年之计在于春，一日之计在于晨；
一家之计在于和，一生之计在于勤。

廿二赞亡比古情，常姓挑柴度光阴；
姜公钓鱼来试水，文王亲自访贤人；
只因运去金成铁，时来运转铁变金。

廿三赞亡比古情，李四磨房受苦情；
朝日挑水井中过，遇着朝中李将军；
常言有钱谈金语，无钱还是语不真。

廿四赞亡比古情，诸天二十四位神；
虽然下流为盐贼，原来劫富去济贫；
常言再三顺用意，世上第一莫欺心。

廿五赞亡比古情，臣夜将军访贤人；
赵将夜深时烦命，恐防天子来叩门；
常言士者国之宝，果然儒为席上珍。

廿六赞亡比古情，真武祖师去修行；
一日上下遇老者，铁棒磨成绣花针；
常言世上无难事，看来只怕有心人。

廿七赞亡比古情，三顾茅庐访孔明；
前朝军师诸葛亮，后朝军师刘伯温；
相逢不饮空归去，洞口桃花也笑人。

廿八赞亡比古情，关羽城中遇真情；
坐怀不乱柳下惠，万古传名到如今；
有缘千里来相会，无缘对脸不相亲。

廿九赞亡比古情，梁颐来京中头名；
关宝心中多欢喜，老年得中第一名；
十年寒窗无人问，一举成名天下知。

三十赞亡比古情，唐三担送苏为秦；
秦为六国都丞相，远程万里转回情；
书中只有黄金元，宁可孝人往庆春。

人在阳间要善心，恶言恶作切莫能；
劝人世间做善事，恶事要丢九霄云。

且说大家都是命，看来半点不由人；
还有路遥知马力，日久还是见人心。

13. 十二个月分明

东方一朵青云起，南方一朵乌云行；
西方一朵黑云起，北方一朵白云行。

中央一朵黄云起，五朵祥云盖丧庭；
灵堂之内歌来语，十二月之中道一轮。

正月元宵闹花灯，文广押在柳州城；
亏了妹妹杨小姐，救出哥哥转回营。

二月有个二月八，人人烧香保家乡；
全州湘山无佛祖，赐福无量活菩萨。

三月有个三月三，打马回城问张良；
且问张良如何道，霸王辞别在乌江。

四月八日常勤心，清福菩萨降来临；
性善之人念佛陀，很多行善保长生。

五月五日是端阳，桃园结义是关张；
刘备关张三兄弟，得取天下远名扬。

六月日头是火烧，磨房相会是刘高；
夫妻二人重相会，一时相会又分离。

七月十五是中元，孝子遵宗是目连；
舍身六殿救了母，万古传留在人间。

八月十五中秋凉，周氏望月拜苏郎；
但愿苏郎登金榜，取得功名早回乡。

九月九日是重阳，张生月下等红娘；
且问红娘在何处，她在后园烧保香。

十月里来是立冬，五连投水救石朋；
阳不改活身伤祸，真烈舍命沉江中。

十一月来雪纷纷，亏了蒙中征兵能；
妻等几多日和夜，窑中流泪受孤怜。

十二月来是一年，转回此地出状元；
只因祖上多行善，合家老少大团圆。

14. 三十六字

一沓纸来一炷香，烧与前朝孔子郎；
文字前朝你开始，三十六字道分章。

一字原来一横长，二字二横不般长；
三字横长两横短，四字两点坐中央。

五字原来盘脚坐，六字一横点三方；
七字原来左脚跛，八字娥眉分两旁。

九字金钩壁上挂，十字东南西北方；
十字头上添一撇，千山万水入歌场。

十字下面添两撇，组成禾字五谷粮；
禾字上面少一撇，木在山中好乘凉。

木字下面添子字，唐王天子李家郎；
李字上面去木字，子子孙孙坐朝堂。

子字旁边添女字，好个聪明伶俐强；
好字旁边去子字，女在孝堂道短长。

女字旁边添生字，百家姓上远名扬；
姓字旁边去女字，先生一见好文章。

生字下面去一横，七星织女是牛郎；
牛字下面添两撇，朱家天子坐朝堂。

朱字上面去牛字，小小蒙童进学堂；
小字下面添一撇，少年子弟把名扬。

少字下面加日字，省府官报孝家郎；
省字上面去少字，日照凡间好时光。

日字右边加月字，明月照见会书郎；
明字去日加月字，朋友世间要久长。

朋字上面加山字，山崩水流不荣昌；
崩字下面去朋字，三山六水表文章。

山字下面加山字，出山有路走四方；
出字上面加一横，犹如孔子做文章；
由字下面出了脚，组成车字在凡阳。
车[①]字中间去申字，还有二字表歌堂；
二字中间添人字，夫妻二字远名扬。

夫字中间去大字，还有一字转回乡；
一字起头一字尾，三十六字表歌堂。

① 车：这里是指繁体的“車”。

15. 寄鼓

鼓一槌来锣一声，明晚丧歌同样行；
今晚歌声到此止，铜锣鼓棍要寄存。

鼓锣要寄老君殿，鼓棍要寄九霄云；
手执钱财沉火化，烧与前朝唱歌人。

再烧钱财与亡者，祝你阴间好安身；
阴阳今晚两分断，明晚酉时再接音。

16. 唱灵屋

有巢治世叫力氏，造出灵屋去安乐；
所以叫作有巢氏，鲁班架木后来行。

凡人在世要屋住，阴间也是照样行；
说起灵屋头上事，好似如来佛一尊。
正在周朝甲寅岁，昭王二十六年春；
甲寅四月初八日，年尾佛祖降长生。

雪山修道得成佛，佛法齐天显真能；
桑麻来说道无法，并无大殿去安身。

便叫四大金刚去，要借龙宫讲经文；
借契上面写一载，讲完一载退归君。

一年一满未去问，要问佛祖需诚心；
又取文凭大臣看，后来君改十年春。

十年已满来讨改，又添一笔是千春；
龙王当时大心德，又起龙宫率水兵。

龙子龙孙都披甲，虾兵鱼将出阵门；
谁知妖神本事大，捉去龙宫众子孙。

便将龙头安左右，鳌鱼四角吊风铃；
又制四龙缠四柱，将他说法满经文。

鲁班先人造式样，造成灵屋化归阴；
凡间起屋用木料，灵屋只用竹造成。

竹架用纸画五色，做成式样住亡人；
孝子孝孙共参报，报答劬劳养育恩。

灵屋上面略表过，引魂摇竹又来形；
孝子门前竹一山，黄风吹得乱纷纷。

将来种树引播竹，汉朝流传到如今；
道说本教周朝起，其实周朝众来兵。

真道汉朝阴地重，汉朝皇帝始兵成；
造成圆裳[①]来供佛，超生度死救亡人。

① 圆裳：圆领的衣服。

道取周朝众兵起，一糊乳进法刑厅；
释迦即是牟尼祖，配做三花聚顶门；
佛法三卷有出路，佛法三僧宝上行。

左右两边挂圣相，金童玉女两边行；
下边分作三条带，三魂地狱引亡魂。

上面写成佛祖号，中间写出死亡人；
孝子出来初奠酒，可怜老者命归阴。

封神台上幡一首，泸水江边去引兵；
七擒孟获幡一首，斩将道神去引兵；
孟姜女又幡一首，引魂来转自家门。

幡竹上面略表过，灵屋蜡烛道一情；
自古周朝原有烛，银烛辉煌照圣人。

佛门也是青天烛，灵前点烛是常情；
有人讲得后唐时，此话缘由古诗存。

当时王巢来作乱，陪住长安一座城；
沙陀报回李克用，兴师鏖复旧乾坤。

十三太保李存孝，飞虎兵将飞虎兵；
只因存孝功劳大，一登皇位报国勋。

唐君来点李存信，两个好人心不平；
就观旁情孝有意，假传圣旨割他身。

便把存孝来捆绑，王中争死在天庭；
灵屋上面略表过，自古留传到如今。

17. 辞丧

五更鸡叫要天光，要把歌句来辞丧；
凡人走路怕天黑，阴人走路怕天光。

只因那年天明了，奈何桥上去歇凉；
辞丧要把娘房起，莫把娘房丢在房。

五更鸡叫要辞丧，辞别房中笼和箱；
自从今晚辞别后，再不回家看文章。

五更鸡叫要辞丧，辞别火炉灶君王；
灶王本是一家主，初一十五上天堂；
多把好言报玉帝，恶言恶语肚中藏。

五更鸡叫要辞丧，辞别火炉又厨房；
自从今晚辞别后，再不回家煮茶汤。

五更鸡叫要辞丧，辞别家中香火堂；
自从今晚辞别后，再不回家烧宝香。

五更鸡叫要辞丧，辞别堂中桌一张；
桌子不能辞干净，儿孙供饭还要尝。

五更鸡叫要辞丧，辞别东仓与西仓；
东仓西仓都不要，一双空手见阎王。

五更鸡叫要辞丧，辞别左邻右舍郎；
左边辞了韩元帅，右边辞了魏将郎。

五更鸡叫要辞丧，辞别屋檐童子郎；
屋檐童子来接引，接引亡魂上天堂。

五更鸡叫要辞丧，辞别山地与田庄；
山不领来田不要，一心一意往西方。

五更鸡叫要辞丧，辞别本处庙社堂；
自从今晚辞别后，再不回家烧宝香。

五更鸡叫要辞丧，辞别大路与桥梁；
大路桥梁都辞了，二世投胎转回乡。

18. 倒鼓

辞了丧来要倒鼓，辞丧倒鼓一路行；
倒鼓莫往东方倒，东方不是倒鼓堂；
金德星君占了位，莫把东方做鼓堂。

手执钱财趁火化，金德星君受纸张；
金德星君受银纸，带领新亡过西方。

倒鼓莫往南方倒，南方不是倒鼓堂；
木德星君占了位，我请木德受纸张；
手执钱财趁火化，你带新亡上天堂。

倒鼓莫往西方倒，西方不是倒鼓堂；
水德星君占了位，我请水德受纸张；
手执钱财趁火化，你带新亡喜洋洋。

倒鼓莫往北方倒，北方不是倒鼓堂；
火德星君占了位，我请火德受纸张；
手执钱财趁火化，你带新亡见阎王。

倒鼓莫往中央倒，中央不是倒鼓堂；
土德星君占了位，我请土德受纸张；
手执钱财趁火化，你带新亡过西方。

倒鼓莫往文庙倒，文庙不是倒鼓堂；
孔子大圣占了位，他的文学天下扬；
手执钱财趁火化，孔子大圣受纸张。

倒鼓莫往武庙倒，武庙不是倒鼓堂；
武官大帝占了位，新亡莫去武庙堂；
手执钱财趁火化，前朝武官受纸张。

倒鼓莫往十方倒，十方不是倒鼓场；
十家文府占了位，他在前朝贵名扬；
手执钱财趁火化，十家文府受纸张。

倒鼓要往阳州倒，阳州不是倒鼓场；
人人说道阳州好，日杀猪来夜杀羊。

日杀猪来千千万，夜杀羊来万万双；
猪毛塞断长江水，羊毛塞断九条江。

我今送你阳州去，阳州街上好地方；
河里螃蟹斗笠大，田里虾公扁担长。

打破此斗分两段，你归阴来我归阳；
手执钱财趁火化，烧与前朝唱歌郎。

花鼓寄在雷州府，鼓棍寄在九霄堂；
千年只准倒一个，万年只许倒一双。

歌音歌师把本记，万古传留在凡阳；
磨利尖刀杀了鼓，恭贺孝家大吉昌。

［该孝歌选自恭城瑶族自治县西岭镇椅子村刘祖民（男，瑶族）手抄本。孝歌流传于恭城瑶族自治县西北部山区，至今未辍。］

19. 十在其间好赞灵

（粟木镇泉会村刘玉忠提供，莫晓娴收集）

一在其间好赞灵，亡者死得好伤心；
妻儿子女全不顾，如何做出这样人。

穿起新衣戴上帽，如同打扮过南京；
亡者闭目宽心去，莫把旁心挂后人。

二在其间好赞灵，亡者死得好伤心；
急急忙忙哪里去，飘飘荡荡哪里行。

忧忧愁愁情何在，闷闷沉沉好伤心；
天晴不见人踪影，落雨不见脚迹行。

三在其间好赞灵，亡者死得好伤心；
在生与你常共话，今天为何不作声。
千言万语喊不应，如同哑子见观音；
流眼泪来流眼泪，你说伤心不伤心。

四在其间好赞灵，四邻亲友坐高庭；
在生四处和朋友，如今死了不作声。

子子孙孙全不挂，独自一人往西行；
孝家分心犹小可，殃误六亲过五更。

五在其间好赞灵，几盏明灯照高庭；
堂屋若无明灯照，举目何情见六亲。

灯花落地无踪影，篾穿肝胆痛在心；
亡者一梦归西去，丢脱儿女苦分心。

六在其中好赞灵，六亲九眷坐高庭；
只见六亲不见你，你说伤心不伤心。

亡者一去不回转，不知何日有知音；
只见六亲高堂坐，不见亡者高堂行。

七在其间好赞灵，七星拱照孝家门；
亡者在生做善事，死在阴司做好人。

善人就有天照应，幽冥地府放宽心；
判官把你安排好，赐你来世做好人。

八在其间好赞灵，孝家是个舍财人；
生养死葬皆在礼，衣襟棺椁费金银。

推车下河交与你，明中去了暗中存；
亡者阴司保佑你，子子孙孙坐朝廷。

九在其间好赞灵，亏了厨中灶后人；
今晚一夜何稍睡，撒手扬鞭到天明。

不是今晚造铁器，只为亡者往西行；
亡者阴司保佑你，保你今后做好人。

十在其间好赞灵，各位贤师坐高庭；
各将几句前头去，四言八语伴亡魂。

打渔鼓来会道人，都是龙王会上人。（缺最后两句）

20. 十亲

（栗木镇泉会村刘玉忠提供，莫晓娴收集）

第一亲来天地亲，想起天地两样心；
南京城里落大雨，北京城里扫灰尘。

人要害人天不肯，天要害地草不生；
莫说天地无情意，风调雨顺养凡民。

第二亲来土也亲，想起土地两样心；
东门山中生青草，西门山上草不生。

自古土能生万物，五谷生长养凡人；
莫说土地无情意，锄头落地出黄金。

第三亲来父也亲，想起父亲两样心；
生得三男并四女，一样儿女两样心。

创建家园多辛苦，交与儿孙万年兴；
莫说父亲无情意，长大成人有家分。

第四亲来母也亲，想起母亲两样心；
生得长女做奴隶，生得满女命甘心。

十月怀胎娘辛苦，三年哺养在娘身；
莫说母亲无情意，目连寻母有恩情。

第五亲来妻也亲，想起夫妻两样心；
有钱有米嫁与我，无钱无米嫁别人。

千古修来同凳坐，万古修来共枕眠；
莫说夫妻无情意，姜女寻夫有恩情。

第六亲来兄弟亲，想起兄弟两样心；
兄弟本是同娘养，长大成人把家分。

打虎还要亲兄弟，上阵不离父子兵；
莫说兄弟无情意，赵公打虎有恩情。

第七亲来姊妹亲，想起姊妹两样心；
姊妹本是同娘养，梳妆打扮嫁别人；
莫说姊妹无情意，麻衣戴孝送双亲。

第八亲来娘舅亲，想起娘舅两样心；
自古对亲从媒起，话不调和不相亲。

除了粟米无好火，除了娘舅无好亲；
莫说娘舅无情意，眷生娘面有恩情。

第九亲来师傅亲，想起师傅两样心；
自古带徒也要钱，若还无钱学不真。

自古学艺有好处，学艺精通保自身；
莫说师傅无情意，张良鲁班有恩情。

第十亲来朋友亲，想起朋友两样心；
有钱有酒多兄弟，急难无钱不见人。

莫说朋友无情意，仁贵兄弟有恩情；
十亲不亲唱完了，将歌交与满堂人。

（刘玉忠，男，瑶族，栗木镇泉会村狗尾洞屯人。）

[莫晓娴，女，瑶族，1972 年 3 月出生，广西恭城瑶族自治县西岭镇八岩村人，大学本科学历，1992 年参加工作，现任恭城瑶族自治县民族宗教事务局办公室主任，曾与莫纪德合作编写《瑶族梅山经校注》，参与编辑《恭城瑶学研究》（内刊）共十三辑。]

阳春歌

阳春歌简介

在恭城，老一辈们都把农业生产劳动称为“做阳春”，故本章题为阳春歌。本章共收录了170多首歌词，分为两个内容：一是阳春歌，二是挖地歌。挖地歌有打鼓歌、打锣歌、锣鼓歌、呜呀歌、大山歌等多种称谓。

清代乾隆年间，湖南保庆府连年大旱，粮食欠收，迫使人们背井离乡，往外逃生。从乾隆末至嘉庆年间，保庆人陆续迁入恭城各山区“与瑶为伍”。他们向当地人租佃山岭，搭厂建房，开荒挖地，种植粮食。待有一定能力以后便开始大面积拓荒，以发展生产。户主在冬月选定一块坡地砍倒树木，割下茅草，待晾干后便放火烧山，变成火山地，次年农历正月至二月间，才选择时间，聚集劳力，举行“打锣挖地”。挖地要根据地有多大来确定劳工，以每人每天挖2分地计算，10亩地需请20个人工，报酬按时价，1-2毫子（相当于10斤米）不等，也有还工的。歌师的报酬是普通人的两倍。挖地的当天清晨，人们陆续来到地头，依次排开。歌师首先焚香化纸，敬奉土地神。歌师脚打绑腿布，腰系布巾，头束红布条，胸前挂小鼓，左手提铜锣，右手拿棍槌，一边敲锣一边打鼓，唱起了开场歌。挖地歌曲调高亢响亮，唱到第三句还有“呜呀——呜呀喂”的高呼声，所以称为“呜呀歌”。要是人多“开两面锣”（即请两位歌师），歌声此起彼伏，响彻山野。在栗木镇泉会村，人们把挖地歌叫作“大山歌”（五句式），把普通山歌叫作“小山歌”。歌师唱了几首以后人们便开始自由歌唱。“小山歌”为七言四句式，用普通歌腔，多是男女对唱。当一方接不上来，歌师会接歌解围，使挖地不停唱歌不止。挖地一般要两三人结合为一组，互相照应，如果谁落后了，歌师会走到谁的旁边紧鼓密锣催阵。上午干活半天，中途休息一会，歌师唱“吸烟歌”。中午主家供一顿午餐，离家近干活就回屋吃饭，离家稍远的主家就挑饭到工地。下午继续打锣唱歌挖地，直到太阳将要落山，人们才收工返家。

地整好后，第一年种玉米或地禾，第二年种红薯或木薯等，并套种桐子、油茶树，或者杉树、毛竹。如此这般，首先是解决或基本解决家庭粮食问题，其次增加了家庭经济收入。桐有对岁桐（第二年挂果）、三年桐（三年挂果），收入来得快；油茶树五年挂果，十年进入盛产期（每亩产油30斤，折谷150斤）。凡做过“打锣挖地”的农户，会在几年内逐渐富裕起来。这种山地经营模式很快成为样板，从而拉动了整个瑶山的经济发展。

如今，“打锣挖地”将成为人们的历史记忆，因而记录“挖地歌”与这一生产风俗愈显重要。

（一）阳春歌

1. 农事歌

（观音乡蒋礼发搜集整理）

正月寅日新动雷，南山惊动北村人；
说到今春耕作早，四山八路木没青。

家有良田无烦恼，若无良田早去寻；
家里无牛早去找，莫要耽误一年春。

父在堂前叫子起，公在堂前叫儿孙；
早起放牛吃青草，吃饱牛肚把田耕。

二月教人开田地，修整犁耙件件新；
三月清明下谷种，四月小满秧插成。

插秧半月新苗长，五月禾田满垌青；
六月作届[①]青苗会，七月谷熟满垌黄。

八月仓库丰收满，九月又有小阳春；
十月五谷全收尽，村村寨寨敬神灵。

① 作届：每逢一届。届，指举办青苗会，有二年一届、五年一届。

2. 二十四节气歌

（西岭镇新合村赵元强搜集）

腊月小寒接大寒，正月立春雨水淡；
惊蛰春分在二月，清明谷雨三月看。

四月立夏和小满，五月芒种夏至管；
六月大暑和小暑，七月立秋处暑玩。

八月白露接秋分，寒露霜降九月全；
立冬小雪在十月，大雪冬至迎新年。

过了正月耍心休，一年农事又开头；
季节逼人农事多，早晚忙碌汗水流。

新春佳节梦正甜，不觉又到二月间；
春风吹醒田和地，天天繁忙没空闲。

一年大计在春天，种田种粮多挣钱；
当家才知柴米贵，为了生活难睡眠。

立春雨水惊蛰天，春分清明谷雨连；
立夏小满到芒种，夏季炎热像火点。

大小暑来就立秋，处暑白露秋分求；
寒露霜降立冬冷，大小雪过冬至收。

一年两春夹一冬，十个牛栏九个空；
古说天冷牛难养，多垫禾草保暖烘。

立冬晴来养穷人，立冬雨来养财主；
当天下雨会烂冬，这天无雨一冬晴。

没到立冬天不冷，南北温差分不匀；
南方盼霜霜不到，冬到南方枉负名。

立冬有雨怕冬烂，无雨又防冬至干；
落雨想晴晴盼雨，让人实在两头难。

立冬小雪紧相连，整地过冬莫等闲；
小雪到来地不懒，丰收在望等来年。

小雪阶段气温低，天空细雨下密密；
天气变凉难预料，随时都有雪压枝。

3. 农谚歌

（观音乡蒋礼发搜集整理）

春风不吹花不开，田里无水秧难栽；
春天麦灌三遍田，夏来麦子堆满山。

春雾雨来夏雾热，秋雾凉风冬雾雪；
雨水有雨庄稼好，大春小春一片青。

惊蛰春分两相连，耕田浸种莫迟延；
惊蛰百般草木醒，春分田垌闹翻天。

惊蛰闻雷米似泥，春分落雨病人稀；
二月惊蛰又春分，犁田耙地带送肥。

清明谷雨三月天，播种宜早不宜迟；
清明高粱谷雨谷，小满芝麻芒插谷。

清明前后种棉花，秋后能收一百八；
清明有雨麦子壮，小满有雨麦齐头。

三月清明不用忙，二月清明早插秧；
谷子撒在谷雨头，走走站站不用愁。

立夏天热日又长，小满收麦忙又忙；
立夏要给猪洗凉，立冬要给猪铺床。

四月立夏又小满，割罢麦子插秧田；
立夏三日种棉花，小满三日麦子香。

秧过小满十日栽，十日不栽难安排；
小满谷子芒种麻，土旺种麻正当时。

芒种芝麻夏至豆，秋分种麦正当时；
夏播不离夏至关，错过夏至苗难安。

过了小暑不种豆，过了大暑不种荞；
小暑大暑二节气，萝卜阳芋种忙忙。

立秋下雨人欢喜，处暑下雨万人愁；
立秋无雨望十三，十三无雨一冬干。

处暑禾苗不出头，不如割来喂老牛；
秋分天气多白云，处处欢唱好禾苗。

一阵秋风一阵凉，三场白露两场霜；
棉怕白露连阴雨，有雨农夫无干谷。

秋分微雨或阴天，来岁高低是丰年；
寒露要是不挖葱，必定落过心里空。

小麦种在寒露口，种一碗来收一斗；
霜降节气见了霜，谷子糜子烂老仓。

小雪大雪雪满天，来年必定是丰年；
大雪小雪北风多，要保牲畜能过冬。

一日大雪十日粮，十日大雪粮满仓；
冬至百六是清明，九九三天是惊蛰。

小寒大寒冷得透，来年春天天暖日；
人们误认大寒冷，须知小寒胜大寒。

一年四季东风雨，夏季东风水断流；
日落西山胭脂红，不是雨来便是风。

五月种薯重十斤，六月种薯一把根；
六月黄天莫歇阴，锄头底下出黄金。

有钱难买五月旱，六月连月吃饱饭；
五月十三落一点，狗吃饭来不吃粥。

七犁金来八犁银，九月犁地饿死人；
八月犁地如加油，九月犁地减半收。

八月十五云遮月，来年雨打元宵节；
八月十五月蒙蒙，正月十五月打灯。

秋翻地来冻虫虫，来年庄稼长得凶；
要想来年虫子少，只要冬翻草便休。

冬闲多积一筐粪，秋后多收一成粮；
冬不节省春便愁，夏不劳作秋无收。

冬天栽树树在眠，开春发芽长得欢；
冬栽松来夏种柏，种上一百活一百。

（正月）初一宜黑四边天，大雪纷纷是旱年；
但得立春晴一日，农天不用犁耕田。

（二月）惊蛰开雷米似泥，春分有雨病人稀；
月中但得逢三卯，处处棉花豆麦实。

（三月）风雨相逢初一头，沿村瘟疾万人愁；
清明风若从南起，定是农家有大收。

（四月）立夏东风少病难，晴逢初八果子多；
雷鸣甲子庚辰日，定是蝗虫侵庄稼。

（五月）端阳有雨是丰年，芒种开云美自然；
夏至风从西北起，瓜菜园内受熬煎。

（六月）三伏之日少酷热，五谷田禾多不结；
此时若不见灾危，定主[①]三冬多雨雷。

①定主：肯定预示某种迹象的意思。

（七月）立秋无雨实堪忧，万物从来只半收；
处暑若逢天下雨，纵然结实也难留。

（八月）秋分天气白云多，处处欢歌好晚禾；
只怕此时雷电闪，冬来米价贵几多。

（九月）初一飞霜损农夫，重阳无雨一冬晴；
月中火色人多病，更遇雷声菜价增。

（十月）立冬之日怕逢壬，来年高田枉费力；
此日更逢壬子口，灾害疾病损众人。

（十一月）初一西风盗贼多，更兼大雪有灾魔；
冬至大晴无雨色，来年定唱太平歌。

（十二月）初一东风六畜灾，若逢大雪旱年来；
但遇此日晴明好，农家尽管放心怀。

4. 种田歌

（莲花镇冯玉英提供，莫纪德收集）

正月立春又雨水，望天落雨雨淋淋；
种田指望源头水，水灌禾苗满垌青。

正月过了二月来，李花落了桃花开；
哥赶老牛犁老田，妹踩老田沤茹菜。

惊蛰过后清明来，糊了田基撒谷秧；
筒古[①]装粥当午饭，九里风吹十里香。

三月里来三月花，芒种忙忙把田插；
插田插出千条路，耙田耙出万朵花。

六月收禾过三伏，一担秧苗几担谷；
晒干谷子磨出米，舂出白米煮稀粥。

七月立秋又插田，午后插秧天气热；
汗水如同雨水下，衣裳湿湿熬出盐。

八月十五是中秋，有人欢喜有人愁；
富人上街买月饼，穷人无奈挖芋头。

九月初九是重阳，过了寒露是霜降；
收了桐子检茶籽，丢脱田活岭上忙。

① 筒古：方言，竹筒。

（二）打锣挖地歌

1. 栗木泉会挖地歌

（栗木镇泉会村陈远辉讲唱，李成秋、莫纪德搜集）

一下鼓来一下锣，惊动山神土地婆。
土地公公爱喊打，土地婆婆爱唱歌，
一趟欢喜笑呵呵。

一下鼓来一下惊，惊动山中土地神。
我把大钱交与你，你在山中保太平。

清早来，来会乖，乖乖还在床上未起来。
我两手扒开红罗帐，双手捧起乖乖来。

昨夜午时到姐家，姐在屋里捉鸡杀。
抓了大的扑哒扑哒飞了去，
抓了小的呷呷呷呷舍不得杀，
你情郎哥哥二回来到杀两爪（只）。

昨夜午时待姐家，姐在屋里唱菩萨。
情郎哥哥来得好，帮请菩萨帮打卦，
请定菩萨吃斋粑。

路边白草开白花，姐在江边洗黄麻。
洗麻哪赛长江水，攀花哪赛后生家。

葛麻藤子开短花，六月日头当火扒。
上街买把清凉伞，上遮日头下遮花。

（吃了中午饭唱“苗”字韵的歌）
吃了饭来把碗丢，要姐出来把碗收。
堂屋客多不好交得姐，
我郎打一花花绿绿绿绿花花，
龙凤戒指丢在你姐碗里头。

十八妹妹好苗头，好像后园紫竹苗。
尾巴拿来做笛子，蔸巴[①]拿来好做箫。

一路笛子一路箫，一路迢迢到源头。
十八妹妹少年乖，我昨夜约郎郎不来。
我的一壶好酒放哪了，我烘干鱼仔有半筛，
这样待郎郎不来。

十八妹妹少年乖，这样待郎郎不来。
我不知你姐住在何州何县里，
十里青山九里茅坪路难来。

十八哥哥少年乖，说什么十里青山九里茅坪路难来。
我姐住在江西罗阳县，两边搭起桂花台，

① 蔸巴：竹子的根部。

打开八字衙门等郎来。

清早来，眼不开，你要姐筛杯油茶来。
一杯两杯渴不醒，三杯四杯眼不开，
要你姐做个绿绿花花花花绿绿龙凤枕头来。

太阳出来照高崖，高崖脚底桂花开。
先开一朵梁山伯，后开一朵祝英台；
梁山伯来祝英台，两朵鲜花一齐开。

有蔸好花不会栽，种在石崖乱石阶。
郎哥能闯天子地，早晚洗脸望花开。

好花种在对门乡，我郎连根带尾扯过来；
扯到我姐后园种，我郎带过阳鸡把花开。
飞过去春到了，飞过来春去了，
催得两朵鲜花连夜开，连夜开。

我郎拾起蛋子要上街，问姐要带什么回来？
我姐说要带把锁回来，我忙问姐你要把什么锁？
要把金锁银锁铁锁金锁马尾尖尖锁，
锁起南门东门西门北门五方五路衙门，
紧守锁紧守锁锁起等我郎回来才会开。

百只蜜蜂飞过街，飞到三天七夜未回来。
飞来一个长脚长的黄毛蜜蜂来报信，

一射飞到湖南湖北江西国外，
飞到他姐的屋前屋后屋左屋右城里城外。
野花开，野花开，野花缠起未回来。

姐屋门口一蔸槐，郎变岩鹰树上啄；
雌不雌，岩不岩，别人骂我雌挨鸟；
十八妹妹少年乖，日里瞄路夜晚来。

清早来，来得忙，丢落歌书在姐房；
一来掉落羊毛笔，二来掉落读书纸一张，
今天唱歌少文章。

清早来，来得忙，丢落汗衣汗裤要姐浆；
要姐洗，要姐浆，无妻赛过有妻郎。

树木叶子碎渣渣，茄子不种种白瓜；
茄子开花打子叶，晓得白瓜开花不开花？
扁担无瓜两头刷。

抬头一望午时中，茶饭不到肚子空；
十八妹妹快烧火，多把干柴干草凑灶中，
无钱莫耽误我有钱工。

十八妹妹好苗头，好像后园早禾苗；
南风吹起往北倒，北风吹起往南瞧，
要来瞧来瞧到你姐心事路一条。

抬头望见洪水飘，洪水飘飘打断桥。
打断桥头有桥尾，打断桥尾有桥腰，
要来瞧来要来瞧莫打断情郎哥哥相思路一条。

姐做鞋子两面青，我情郎哥哥穿起去南京；
这双鞋子的彩头丑，连接了九根针，
过河过水要小心。

十八妹妹我表情，说什么过河要小心；
我十三十四到湖广，我十五十六到南京，
从未差错到如今。

十八妹妹我表情，劝姐莫要两样心；
手掌手背都是肉，何必多了我情郎哥哥一个人，
铜盆倒水一样清。

（收工时唱“长”字韵和“闲”字韵的歌）
一个鸡蛋两个黄，劝姐莫连两个郎；
两人攀花一齐到，红罗帐里动刀枪；
强中遇到强中手，杀死一个哪下场。

打天锣鼓插天田，劝郎插田莫插偏；
强中遇到强中手，把郎赶在涟泥田。
姐在屋里叫可怜。

2. 西岭新合挖地歌

（西岭镇新合村蒋祝娟提供，赵元强搜集）

出门过冲又上坡，扛把锄头唱支歌；
吃完正月做二月，二月挖地好快活。

一锤鼓来一锤金，锤来土地变黄银；
土地公公莫要怪，我在人间闹阳春。

土地公公坐得明，凡间锣鼓闹阳春；
地头烧香拜土地，一年四季有收成。

开山挖地好快活，这边唱歌那边和；
做完活路回家去，回家约妹把酒喝。

哥妹同挖一块地，你一锹来我一锄；
这边拿来种䅟子，那边拿来种红薯。

天色麻麻才开亮，扛起锄头上山岗；
冬来挖出一片地，春来点豆又种粮。

今日进山祭神灵，土地公公是山神；
你在山中立了位，我们才有好收成。

开锄挖地唱山歌，哥想妹来妹想哥；
哥在用力挖着地，想到晚上好快活。

挖地图个好彩头，妹找哥来比加油；
哥妹挖地不怕苦，年头下种年尾收。

今日天阴转天晴，请妹带头起个音；
挖地挖得虽辛苦，唱起歌来提个神。

（蒋祝娟，女，汉族，西岭镇新合村小学教师。）

（赵元强，瑶族，1966 年出生于西岭镇新合村。大专学历，从事乡村医疗工作 30 年。现为恭城瑶学会会员、恭城瑶医药学会理事、恭城山歌协会副会长兼秘书长。）

3. 三江锣鼓歌

（三江乡大地村黄瑞祥提供，莫纪德搜集）

一下鼓来一下锣，惊动山神土地婆。
土地公公莫见怪，如今世界这样兴，
打锣打鼓闹阳春。

一更里，进姐房，姐在房中习阴阳。
两边习起阴阳龙凤爪，中央习起姐和郎。
习起乖乖雨和阳。

二更里，进姐房，姐在房中着酒娘。
叫郎贪花莫饮酒，饮得酒来误了场。
酒醉误了少年郎。

三更里，进姐房，姐在房中脱衣裳。
先开一朵梁山伯，后开一朵祝英台。
梁山伯祝英台两朵金花一齐开。

日头出来晒四方，情姐出来撞到郎。
我姐这蔸丝瓜何曾受得你郎的浓霜打，浓霜久打夜发黄。
嫩草何曾见得霜。

日头出来晒屋檐，屋檐脱下绣边鞋。
情郎哥哥来得这样早，一齐挽手进花园。
常在花园好过天。

日头出来晒屋前，椽皮相动瓦相连。
情郎哥哥情义这点这样好，何不一起进花园。
逍遥快活好过天。

日头出来晒屋檐，南瓜牵进白瓜园。
手拿勾刀就来砍，结什么仇来结什么冤。
合得一年是一年。

日头出来晒坏郎，情姐看见断肝肠。
我姐走到上街下街十字街前买线买绸买缎扯一尺红青绿，

做一个风凉帽，与你情郎哥哥遮风遮雨遮太阳。
免得我姐五黄六月打伞看情郎。

情姐住在隔井隔渡隔河湾，
我郎住在金榜银榜榜壁壁榜山上过。
风吹杨柳树叶子咚嘀嘀咚响，
千里姻缘一线牵。

抬头一望午时中，正好催工肚又空，
多多拜上厨官嫂，多把干柴灶中冲。
吃了你姐无钱饭误我郎有钱工。

抬头一望午时中，情姐送饭过田中。
过了田中倒了饭，倒了茄瓜旱菜满地红。
饿起肚子无菜送。

抬头一望午时边，情姐送饭到台边。
姑娘姐妹哥郎师傅同台坐，酒杯筷子摆在先。
同台吃得团圆饭。

吃了饭来碗落台，情姐出来把茶筛。
堂屋客多不好叫声姐，擦身过路把姐挨。
神仙下凡也难拆。

吃了饭来把碗丢，情姐出来把碗收。
堂屋人多不好叫声姐，台桌脚下把脚勾。
还有一个八宝盖菇丢到你姐莲花碗里头。

吃了饭来碗落台，起个古人张公义。
张公九代未曾分，门前起个古人未曾分。
自古传名到如今。

吃了饭来碗落台，起个古人铁拐李。
一条拐棍不离身，门前起个古人未曾分。
万古传名到如今。

吃了饭来碗落台，起个古人韩湘子。
打鱼打鼓唱道情，门前起个古人未曾分。
一齐都是龙王会上人。

吃了饭来碗落台，起个古人李元霸。
拳打猛虎不用刀，门前起个古人未曾分。
天公差我破王朝。

吃了饭来碗落台，起个古人曹国舅。
曹家将手好威风，门前起个古人已分明。
到处破寨胜利同。

吃了饭来过了声，丢了古人唱调情。
调情单唱洪洋女，古人单唱汉文章。
山歌单唱姐和郎。

锣打中央鼓敲边，山歌原是有根源。
山歌何人教会我，免得别处受煎熬。

谢天谢地谢龙恩。

锣打中央鼓敲边，山歌原是有根源。
秦朝皇帝修万里长城墙先造起，造来世上解宽心。
自古传名到如今。

新打锄头紧凑尖，情姐跳进后花园。
走到花园打一看，倒了壁笆烂了园。
如今不比往时年。

少年哥，我交连，说什么如今不比往时年。
壁笆倒了桩子在，扶转壁笆就是园，
准郎挑秧插现田。

细篾垫，紧扎边，郎捆中央妹扎边。
问郎今年几多岁，单身打了几多年，
几多差错在门前。

少年妹，我交连，说什么问郎差错在门前。
我郎今年十八岁，单身打了十八年，
并无差错在门前。

细篾垫，紧扎边，郎睡中央妹睡边。
睡到五更翻身转，口水流到嘴巴边，
好比蜜糖水样甜。

少年妹，我交连，说什么好比蜜糖水样甜。
郎是无姐来靠姐，洗衣补浆照顾郎，
靠姐关顾两三行。

昨夜等郎郎不来，我姐房门大打开。
三更半夜遇到蛮子偷一火，
蚀了三根篾片钻子又搭两双烂扣鞋，
你郎贪花我退财。

少年妹，我的乖，说什么要我郎穿衣莫记怀。
我郎走到别州别省连一个，脸色桃红有你乖，
要你姐气起两个眼睛吊出来。

少年哥，我的乖，说什么要我姐气得两个眼睛吊起来。
我姐是后园阴果树，长年四季有花开，
蝴蝶飞去蜂飞来。

白布手巾锁须长，我劝情郎讨婆娘。
我姐在一世来靠一世，我姐死了靠何人？
误郎一世打单身。

少年妹，我交连，说什么误郎一世打单身。
你姐在一世来搞一世，你姐死了我休心，
买个木鱼去念经。

怕了怕了收了心，买个木鱼去念经。
走到对门冲古①撞倒一个十八满姑贤惠姐，
阿弥陀佛两三声，从小吃斋到如今。

三根丝线两根黄，我劝情郎讨婆娘。
莫要少年容易过，恐怕老来无下场，
人老年迈受饥荒。

少年妹，我交连，你劝我郎讨婆娘还是没得钱。
一年难攒七八吊，十年难攒百把两百吊钱，
我郎一世单身也枉然。

少年哥，我交连，说什么一世单身也枉然。
你郎要讨婆娘我姐屋里有，帮你百把两百吊大活钱，
讨起婆娘得团圆。

少年妹，我交连，我郎要讨妻子不要你姐来帮钱。
我郎要讨妻子自己攒，你姐还存私己钱，
难为你姐一番好意在郎边。

一对白颈乌鸦嘎嘎叫起来，凡间死了少年乖。
棺材脊上拍三掌，连叫三声我的哥哥不起来，
生魂不见死魂来。

清早来到你姐家，撞到你姐在屋打油茶。
情哥来得这样快，一齐挽手进房门，

①冲古：方言，山沟。

一夜调情到天明。

调了情来落了心，一齐挽手出后门。
双手扶郎独板凳上坐，筛杯热茶暖郎心，
打两个荷包蛋子补元神。

听到你姐解了怀，我郎一只红毛鸡仔尖起来。
一只红毛鸡仔放在堂屋红漆桌子上，打开房门叫声乖，
叫声乖乖不起来。

少年哥，我的乖，说什么我姐不起来。
你情郎哥害了我，如今血脉来得这样多，
差不多无脸见情哥。

少年哥，我的乖，啰里罗嗦讲这多。
去年八月十五走你姐门口过，
你姐这样喊来满婶是这样拖，
如今肚痛怪情哥。

昨夜五更到姐房，和姐调情讲不完。
两手开门妹不给，手掰门闩不准开，
问郎一句几时来。

少年妹，我的乖，说什么问郎一句几时来。
正二三月工夫紧，五荒六月不得来，
九冬十月帮你姐带匹绫罗缎子来。

少年妹，我的乖，说什么带匹绫罗缎子来。
我姐是大富人家黄花女，有人所管有人为，
何曾穿得你郎的缎子衣。

楠木打船尾朝东，十八满姑女艄公。
十指尖尖来掌舵，斜起眼睛观东风，
将钱难买女艄公。

楠木造船尾朝东，撑船白米下湘南。
湘南好卖湘南卖，莫把木排撑到柳州乡，
生意脱手早回乡。

楠木打船尾朝天，郎靠情姐在身边。
郎靠情姐来照顾，照顾我郎两三年，
生出儿子中状元。

媳妇媳妇你莫嫌，耐烦等我儿子两三年。
等我儿子长到十八岁，这头爬到那头眠，
眠出儿子做状元。

家娘说话好不羞，肚饱难知肚饿人。
起得庙来老了鬼，架得桥来水进基，
日落西山要回去。

看到日头倒了斜，情姐出来倒夜茶。
左手拿把清凉伞，右手拿杯清凉茶，

不是亲夫不送茶。

日头落岭四山黄，犀午望月姐望郎。
犀牛望月归大海，姐望情郎归绣房，
望牛望月望情郎。

日头落岭四山阴，唱支山歌谢主人。
一子落地千结果，九分苗架十收成，
前仓堆满后仓成。

日头落岭又一天，辞别众堂老少人。
辞了山神和土主，辞别歌郎师傅人，
各收家什转回程。

送郎送到神台边，手搬神台还誓愿。
郎还誓愿天样大，姐还誓愿大如天，
哪个反情死在先。

送郎送到大门前，郎在门前打三拳。
郎打三拳三桩事，戒了嫖花不赌钱，
赌钱场中不得钱。

送郎送到对门冲，对门冲里有蔸好羊合。
左手扯把羊合叶子郎垫坐，右手扯把羊合叶子姐垫脚，
郎垫坐姐垫脚二人唱支起身歌。

栗木镇泉会村歌手对唱 / 莫纪德 摄

送郎送到土地堂，草鞋打卦定阴阳。
阳卦落地有财气，阴卦落地放心行，
打个保卦保佑我唱歌郎。

送郎送到羊角湾，吹声牛角呼噜呼噜咚咚宽。
去年八月十五许了一个锣鼓愿，今年乂月乂日把愿还，
酬还良愿保平安。

锣也停来鼓也停，锣鼓丢到九霄云。
锣鼓丢到九霄云内高挂起，歌书丢到半天云，
亲戚朋友姑娘姐妹歌郎师傅各收兵马转回程。

［该《挖地歌》歌词由莫纪德采集于 2005 年 7 月，刊于《恭城瑶学研究·第三辑》。讲唱者黄瑞祥（于 2007 年过世），男，瑶族，三江乡大地村人，当地二戒师公，少年时就参与“打锣挖地”活动，20 多岁即成为挖地歌师，歌词为其回忆并亲撰。］

4. 岛坪源呜呀歌

（莫纪德搜集）

（开工歌）

一下鼓来一下锣，今喊三声土地佛。
土地神佛莫见怪，如今世界自由兴，
打锣打鼓闹阳春。

（烧烟歌）

烧了烟头把头扬，问妹想郎不想郎？
地边种瓜又种豆，丝瓜牵藤长又长，
豆角开花结成双。

（对唱）

抬头望见桂花园，桂花园内好勾连。
犁田插秧正当春，竹鞭做杖正当年，
何不带郎进花园。

十八姑娘我哥嫌，为什么带郎进花园。
嫩草难经重霜打，小河不敢撑大船，
我心许郎到明年。

（收场歌）

打了锣鼓收了腔，收了五方锣鼓腔。

上面收了四片琉璃瓦，下面收了十八片荒，
不在此处做文章。

收了程，收了程，锣也停来鼓也停。
锣鼓挂在九霄云，九霄云内高挂起，
唱歌子弟要回程。

（该歌采集于1984年8月，老歌手伍某时年80岁，现已故，系西岭镇营盘村柚子坪人。）

礼仪歌

礼仪歌简介

本章共收集400多首，其中有敬祖歌、贺新屋歌、庆寿歌、新婚敬酒歌等。

瑶族礼俗，围绕着人生历程，所操办的酒席，皆以某某“酒”称之，如三朝酒、煮汤酒、满月酒、对岁酒、娶亲（喜）酒、嫁女酒、招郎酒、生日（寿）酒、丧（白）酒等。建造新房是人生中的一件大事，有兴工（俗称“下脚”）酒、竖门酒、封山（上梁）酒、盖瓦酒、贺屋（新居）酒等。这些“酒”，部分须宴请亲朋的称为“办大酒”，如娶亲酒、嫁女酒、生日酒、贺屋酒等，主户根据条件举办夜歌堂，且有专门的程式和内容。如莲花镇势江源至三江伸家一带的夜歌堂，已形成一种相对固定的模式，以本章《庆寿歌》为例：主方（男）起歌，道出主题，再“一邀二请三劝四求”。约经1个小时，客方（女）才接歌，互相客套一番，再进入“正歌”，其间杂以《油茶歌》《夜宵歌》。黎明以后再唱收堂歌（谢主辞别）。“办小酒”一般不唱，多用歌词吟诵吉利话，如迎亲、拜堂、敬酒、建房、祝寿等，都有一些祝词，但这些都可围绕主题，即兴编成，故而没有固定的版本和辞章。

1. 敬祖歌

（观音乡蒋礼发收集）

树长三尺全靠根，儿孙难忘祖先恩；
提壶敬上三杯酒，百事康宁永同春。

水流高山树长青，杯中酒满靠壶斟；
有了祖先开山岭，子孙立寨才扎根。

一籽落地遍山林，先祖过海进山林；
高山岭下立瑶寨，盘王庙里祭神灵。

一坛美酒万人心，求叩先祖多赐恩；
庇佑子孙多富贵，广置田地子孙耕。

2. 贺新屋歌

（西岭镇新合村邓金秀讲唱，赵元强搜集）

一进门楼二进金，三进门楼到处新；
门前贴起金狮对，堂中福对挂朝廷。

三个柱头四个叉，三间茅屋是弟家；
妹难还有板房住，弟难住在瓜棚下。

一进门楼二进金，三进门楼是大厅；
门向青山千古秀，江水长流四季春。

一进门楼二进金，起好门楼出贵人；
金炉不断千年火，玉盏常明万岁灯。

一进门楼二进金，三进门楼香火新；
贵家起在龙凤地，代代儿孙坐朝廷。

一进门楼二进金，三进门楼四处新；
地理先生看得好，难怪贵家出贵人。

一进门楼二进金，三进门楼贺主人；
屋后来龙风水好，门前对向凤凰坪。

一进门楼二进金，三进门楼庆高升；
选在瑶山风水地，瑶山到处藏金银。

3. 庆寿歌（堂）

（三江乡李松才、陈代忠、盆富凤、李金花讲唱，黄宝川搜集）

（1）起歌

男：园中种下蟠桃树，百岁寿诞不称奇；
某某年庚添福寿，吉日良辰喜盈盈。

百岁寿诞犹嫌少，海水轻风浪涛涛；
今日主人红寿喜，亲戚朋友爱逍遥。

闻听主家红喜事，手提灯笼进了州；
踏进九州龙虎地，寒苗思想乐悠悠。

闻听主家红寿喜，手提灯笼进九州；
踏进主家房屋内，寒苗思想好逍遥。

自从盘古开天地，先有红金后有天；
红金老祖先迷住，后来盘古再开先。

自从盘古开天地，三皇五帝置乾坤；
神农皇帝置五谷，轩辕黄帝置衣襟。

自从盘古开天地，三皇五帝置乾坤；
先置黄河九渡水，后置凡间世上人。

自从盘古开天地，伏羲兄妹造人伦；
伏羲兄妹人伦造，造下凡间世上人。

自从盘古开天地，三皇五帝到如今；
歌是刘三姐造起，造来世上解宽心。

自从盘古把天开，造就人来有安排；
男排左来女排右，一代儿孙一路行。

初进州，灯笼点火亮悠悠；
灯笼点火悠悠亮，寒苗到地乐悠悠。

初进街，灯笼点火一排排；
灯笼点火排排照，寒苗踏进这门前。

进到州来踏进街，寒苗踏到主门来；
门前挂有留匙锁，主人开锁进门来。

进门来，双手提门两扇开；
双手提门开两扇，得见仙花到此来。

进门来，金丝椅子两边排；
贱把寒歌来排过，慢来唱过解宽怀。

一排龙凤金丝椅，先来排过寿星人；
排好寿星高堂坐，福寿堂中喜盈盈。

一排龙凤金桥椅，二排各位老年人；
老者年高请上座，笑口常开听歌声。

排好寿星排好老，贱把男女也安排；
男排左来女排右，少者贵客一样行。

众堂老少排到此，贱把寒言瞄水源；
瞄过水源是深浅，寒苗依岭好开田。

瞄过水源深又长，好开大垌好开场；
今夜主人开金口，寒苗坐下起歌堂。

一对鲤鱼金线青，鲤鱼落在海中心；
谁人捞得鲤鱼起，就将鲤鱼起歌声。

一对鲤鱼金线黄，鲤鱼落在海中央；
谁人捞得鲤鱼起，就将鲤鱼起歌堂。

初邀起，江边杨柳试邀春；
杨柳邀春歌邀贵，寒苗邀起远乡人。

邀了一言又二语，贱把寒歌再邀真；
今日主人添福寿，寒苗请动一齐题。

文房店内买红纸，四宝房中买砚笔；
红纸笔墨都买到，放在台上写请书。

请贵没完劝贵唱，门前红马劝花妆；
三丈红绸搭马背，四丈绫罗搭马鞍。

劝贵唱，门前红马劝花骑；
红马一匹鞍一座，马鞍背上画麒麟。

劝贵没完求一声，求动凤凰搭早啼；
舍了金脚来贺寿，要舍龙脚宽众心。

求了一言又二语，贱把寒歌求贵人；
起了乌云早下雨，恭请歌师早舍心。

女：堂屋对子亮晶晶，福如东海赛麒麟；
福如东海洪福寿，富贵荣华在此间。

男：难为了，难为歌师舍了心；
难为歌师舍了意，众堂老少好开心。

女：福如东海长流水，寿比南山岁岁高；
闻听贵歌邀贱久，寒苗思想没为人。

男：难为一言又二语，贱把寒歌难为花；
贵到寒村这好意，寒村老少好开心。

女：闻听贵歌邀贱久，心慌意乱没敢接；
闻听贵歌这有意，接声又怕老人谈。

男：贱是歌堂初起声，得意抛砖来引金；
福寿堂中人多众，众堂爱听贵歌声。

女：蝴蝶来到金狮岭，两翅摇摇没敢落；
众堂老少围围坐，没敢开言接贵歌。

男：昔上南山听虎啸，今在寒村闻凤啼；
闻听贵歌唱这好，笑在眉头喜在心。

女：出门脚踩流沙金，脚踩流沙步步行；
小贱目蒙没懂理，恐怕得罪贵村人。

男：出门脚踩金沙路，玉步连连到寒村；
来到寒村有歌理，条条歌理解宽心。

女：出门脚踩流沙金，脚踩流沙步步行；
贱是目蒙没懂礼，惊动众村老少人。

男：出门脚踩金沙路，玉步抬心步步高；
闻听贵歌唱这好，寒村老少好逍遥。

女：贱是初初到贵村，惊动众村老少人；
六亲九眷来贺寿，寒苗无礼没为情。

男：有好意，意好长江水也甜；
深情厚礼来贺寿，树浅泥低万代情。

（2）正歌

女：来到贵村好地方，山清水秀赛苏杭；
　　四面环山来聚宝，玉带飘飘绕村坊。

男：山也好来水也好，地方人员在勤劳；
　　贵村贵府也一样，杨梅结果一样红。

女：小贱目蒙没懂礼，坐在堂中愧为人；
　　坐在堂中嘱咐主，寒苗嘱咐主家人。

男：有礼信，贵在堂中嘱主人；
　　贵有好歌大胆唱，主人爱听贵歌声。

女：贵有心来贱有心，再来敬过主家人；
　　敬过主家人老少，耐烦陪贱过时辰。

男：细花细朵细淋淋，难为贵歌好细心；
　　句句好歌敬过主，主人老少好开心。

女：敬过主家敬过众，敬过众堂老少人；
　　敬过歌堂人子弟，敬过歌师放耐心。

男：贵人实在好细心，敬过众堂敬贱人；
　　敬过高堂歌师匠，众堂老少得安心。

女：敬过众堂敬过主，寒言谢过主家人；
因为主家添福寿，慢谈慢唱过时辰。

男：贵人实在好聪明，又来安乐主家人；
请贵有心放海量，主人安坐听歌声。

女：歌礼好，礼好长江水也甜；
空手两脚到贵地，寒苗实在没为人。

男：人在远来耳在近，晓得贵人四海人；
见过几多风和浪，走过几多大歌堂。

女：莫丈[①]讲，丈讲丈说难为情；
贱是初初来学唱，黄毛鸭子初下河。

男：水靠鱼来鱼靠水，大齐[②]将就过时辰；
前头又有红日照，又有月光一样明。

女：本是真，大齐将就过时辰；
和气生财慢慢唱，慢谈慢唱度时辰。

男：世上黄金不算贵，和气财生当得金；
若是旁人不肯信，请看堂中福寿星。

①丈：方言，这样，这么。
②大齐：方言，大家。

女：讲得好，和气生财当得金；
姊妹团结家和睦，尊老爱幼好家风。

男：园里种丹日月光，也有天意和苦劳；
劳者随时辛苦了，膝下儿孙个个夸。

女：世上良言读与耕，勤劳人家福寿增；
不信你看现今事，哪个懒人好过日。

男：十重皇帝九重天，一朝天子一朝臣；
年成不等真不等，世界不同在此日。

女：王母娘娘添福寿，寒苗敬过一杯茶；
贱是目蒙没懂理，多得主家容贱人。

男：难为了，多得龙恩一片心；
这样好心来敬寿，代表主家领了情。

女：多谢了，贵人操了万般心；
劳更过夜多辛苦，寒苗思想没为情。

男：同路行程今来到，但看主家福寿高；
有缘千里相识了，深厚情义万里交。

女：讲得好，恭喜主家福寿高；
因为主人红喜事，大齐都是爱逍遥。

男：世间好事忠和孝，天下良谋读与耕；
　　养儿育女辛苦了，后辈应该看根苗。

女：讲得真，讲得黄土变成金；
　　养儿育女为防老，儿女当报父母恩。

男：莫管当官和坐府，不管家财万贯银；
　　若是亲恩不去报，也像草木过一春。

女：母带儿孙辛苦了，今日来报母恩情；
　　子子孙孙堂上坐，六亲九眷贺寿星。

男：得见母亲笑口开，记得十月来怀胎；
　　十月怀胎娘辛苦，生儿育女早安排。

女：真是真，养儿当报母亲情；
　　十月怀胎娘辛苦，孩儿应谢母恩情。

男：正月怀胎正月正，立春雨水紧相连；
　　爷在田中做苦事，母也操心忙种田。

女：聪明贵，听贵言来本是真；
　　正月怀胎家人喜，孕育后代壮家庭。

男：二月怀胎二月来，二月惊蛰又春分；
　　阳鸟催春春就到，父母劳碌忙地耕。

女：正月过了二月来，母亲怀儿好操心；
二月怀胎没胃口，忙忙碌碌赶种耕。

男：三月怀胎三月深，清明谷雨又来临；
芒种季节若不种，秋来哪有好收成。

女：三月怀胎慢慢种，没要紧来没要忙；
三月种下五月管，到了秋天粮满仓。

男：四月怀胎四月中，立夏小满喜相逢；
儿在肚中成形了，左边翻动右边同。

女：四月怀胎娘辛苦，左边翻动右边同；
儿在肚里安然过，受苦受磨娘心中。

男：五月芒种夏至边，母亲怀孕苦连连；
爷在堂前多挂意，母在堂中受熬煎。

女：娘怀胎儿多辛苦，父在堂中操了心；
没知胎儿是哪样，走路步步都小心。

男：六月中，六月日头火样红；
六月小暑又大暑，世上工夫一样同。

女：六月怀胎日头大，吃也愁来坐也愁；
出门又有日头晒，坐在家中心也忧。

男：七月立秋又处暑，父母操心难度日；
又要顾及家和事，又要操心儿长成。

女：七月怀胎娘辛苦，脚麻手软身无力；
又想上山多种点，风吹日晒汗淋淋。

男：八月怀胎不一般，八月白露又秋分；
爷做工夫多辛苦，母在堂中头也昏。

女：八月怀胎娘辛苦，夫妻恩爱有商量；
夫妻恩爱商量好，同甘共苦度时光。

男：九月寒露又霜降，父母没有好衣裳；
滴下血来喂儿女，为儿为女好心肠。

女：九月怀胎娘辛苦，父在南山去砍柴；
养好胎儿是大事，夫妻得过好安心。

男：十月怀胎下地了，父母开意又开心；
立冬小雪节气到，只望儿女早早临。

女：十月怀胎见面了，父母开心又快乐；
孩儿好比花一朵，夫妻同心养孩儿。

男：二十四节娘经过，十月怀胎临产期；
娘与阎王隔张纸，父在旁边操尽心。

女：二十四节都讲过，今日儿女报母恩；
世上养儿来带老，子子孙孙报母情。

男：十月怀胎道尽了，房中声声子婴啼；
不管是男还是女，父母当作掌上珠。

女：聪明贵，个个孩儿养没同[①]；
若是孩儿通四海，若是斑鸠赛孔雀。

男：孩儿生下第一位，只是拿来慢慢为；
若是龙儿下渡海，若是凤凰展翅飞。

女：聪明贵，个个孩儿养没同；
若是男儿通四海，若是女子赛孔雀。

男：两岁里，两岁操劳父母心；
走路不知高和矮，过水不知浅与深。

女：真是真，两岁孩儿慢慢行；
两岁孩儿学走路，父母无时不操心。

男：三岁男儿牵手行，四岁女儿是美人；
指望高墙来挂榜，一举成名天下惊。

女：细花细柳细细开，三岁孩童慢慢来；
三岁孩童走路了，母露笑脸父开怀。

① 没同：各不相同。

男：几句粗言诉与君，贱把寒歌话讲明；
　　主人操了二番意，齐到堂中领主情。

女：多谢歌师邀了贱，主人操了万般心；
　　吃了中餐茶又到，寒苗思想没为情。

男：聪明贵，句句值得贱学习；
　　一来邀起歌堂伴，二来邀起众堂人。

女：聪明贵，邀了一声又二声；
　　邀起堂中众姊妹，齐到台中领主情。

男：话讲千般就一句，邀了一声又二声；
　　手拿茶碗歌声下，茶碗落台歌再提。

女：好聪明，四面八方邀拢来；
　　邀拢堂中人姊妹，茶碗落台歌又来。

（歌暂停，众人喝茶，喝茶后接着唱）
男：吃了茶来碗落台，又把歌言唱转来；
　　歌堂回转歌堂坐，又来谈唱解宽怀。

女：难为刘三又邀起，今日寒单领了情；
　　邀起寒苗歌唱转，一齐谈唱解宽心。

男：莫过意，句句歌言邀起声；
寒村子弟宽乐意，大人莫记小人心。

女：多谢了，丈好礼节邀贱人；
邀起寒苗歌堂坐，早有好歌陪贱人。

男：淡饭粗茶不进宴，总靠亲戚赞一言；
自古吉言讲得好，意好长江水也甜。

女：好意道，贱到贵村好闹热；
这好礼节这好意，哪时才把礼来还。

男：来了好客无好待，只会拿歌作安排；
总靠贵客莫见怪，一心陪贱把歌排。

女：莫丈讲，寒言多谢主家人；
龙井好茶来待贱，吃了一餐又二餐。

男：不用谢，吃杯清水唱成茶；
多得凤凰开口叫，十里洋场一树花。

女：吃了茶来多谢主，多谢主家老少人；
吃茶多谢煮茶姐，多谢筛茶姊妹人。

男：粗茶淡酒一番意，都是龙恩一片心；
茶是山中木叶水，水似长江流没停。

女：全靠刘三讲得好，意好长江水也甜；
福寿歌堂来待贱，吃了茶来慢慢唱。

男：竹排过海像天星，可惜江中难转身；
白手过江浮水面，看在城头有情人。

女：贵歌实在讲得好，讲得铁树开了花；
铁树开花在贵地，贱无歌礼难为情。

男：十二礼节唱不了，贱把寒歌与贵提；
因为时间两个字，众堂又费一番心。

女：多谢了，多谢歌师邀贱人；
主人礼信实在好，寒苗思想没为人。

男：三月隔岭不同天，一方水土养方人；
若是读书真君子，应该互相理解人。

女：本是真，一方水土养方人；
小贱目蒙礼没懂，一心来向贵学习。

男：莫要谦虚这样讲，都是同心一路人；
不看日出看水面，不看寒家看主情。

女：真是真，小贱一心来取经；
不是主家办寿酒，不知寒苗在哪行。

男：莫讲取经不取经，大齐都是爱宽心；
　　难得主家招待好，吃了二餐又三餐。

女：真是真，主人操了万般心；
　　喝了油茶又做饭，吃了一餐又二餐。

男：讲得好，贵的歌言实在高；
　　领了主情才慢唱，万般莫在饭堂描。

（歌暂停，众人吃夜宵，休息约一个小时，之后继续唱）
男：吃了夜宵碗落台，八个瓷杯收拢来；
　　八个瓷杯收拢了，难为龙言[①]对转来。

女：多得歌师又邀起，邀起寒单唱转来；
　　主人操了千般意，齐来领过满堂情。

男：厨官操了万般心，为了如今众堂人；
　　又有刘三来到此，一杯舍下这盘棋。

女：有了礼，一杯美酒表深情；
　　难为主家来上酒，寒苗思想没安心。

男：怠慢了，今夜寒村怠慢客；
　　来了好客无款待，靠贵回家瞒一声。

① 龙言：俗语，“龙”夸称对方，“言”即歌词。

2015年10月“势江源盘瑶歌会”，歌王赵梅英（左一）四姐妹同台歌唱 / 莫纪德 摄

女：没怠慢，吃了酒来又筛茶；
众村姐妹来陪坐，寒苗酒醉没为人。

男：少了意，贵到寒村礼没周；
从小没学这样礼，十二理由没脸提[1]。

女：有了意，高台尽把五谷存；
美酒佳肴来待贱，寒苗领了主人情。

男：贵讲领情是空话，只为礼节没到家；
淡酒多杯贵辞意，素菜待客贵辞心。

女：高台堆起满桌菜，厨房实在好麻烦；
哥姐还来陪坐夜，可惜寒单礼不知。

① 没脸提：不好意思讲。

男：盘飧市远无兼味，樽酒家贫只旧醅；
　　贵到寒村怠慢了，隔江挑土情慢为。

女：莫丈讲，好酒好肉堆满桌；
　　美酒三花来待贱，一齐多谢主家人。

男：是没错，一齐多谢主家人；
　　为了今朝红寿喜，儿女操了万般心。

女：四撇两点在其中，寸身言语一般同；
　　王子点头来待贱，两脚飘飘走西东。（多谢主人）

男：十字偏偏月坐正，子字中间少一横；
　　官家子女平排坐，立日脚下又加心。（有了好意）

女：四撇两点在其中，寸身言语紧相连；
　　官家子女排排坐，立日脚下好收获。（多谢好意）

男：几句粗言诉与君，十二礼节讲没清；
　　贱把寒言来相提，子子孙孙踏进厅。

女：千年桌子摆中间，寒言相请子孙来；
　　有请子孙堂上坐，齐家陪坐寿星人。

男：领了一言又二语，再把寒言请一声；
　　一请儿女前排坐，二请子孙立进堂。

女：又相请，相请儿孙坐中间；
相请儿孙堂上坐，一齐堂上陪寿星。

男：子子孙孙惊动上，众人宏意[①]坐中央；
五代同堂来贺寿，声声叩拜寿星人。

女：寿星实在好福气，五代同堂个个行；
子子孙孙来庆贺，同祝寿星一万年。

男：五代同堂在高堂，圆圆蛋子摆中央；
红烛生花堂中照，祝福寿星福寿康。

女：子子孙孙来祝寿，和睦家庭福满堂；
子女和睦有福气，又有寿星好健康。

男：堂屋对子亮堂堂，圆圆蛋子摆中堂；
蛋子切成千百片，代代儿孙个个尝。

女：圆圆蛋子摆中央，子孙有福个个尝；
出门儿女回来了，敬过寿星敬高堂。

男：手拿蛋子敬寿星，儿孙个个照样行；
今夜蛋子千百片，有福六亲尝点心。

女：有福还是有福人，子孙尽孝好心情；
个个子孙来尝点，同祝寿星一万年。

---

① 宏意：好意。

男：手拿茶盘敬寿星，敢和日月同路行；
天在日月人在寿，春满乾坤福满门。

女：手捧茶盘敬寿星，福如东海一同春；
白日吉星来高照，夜里北斗照常临。

男：福如东海长流水，寿比南山不老松；
今日来贺九秩寿，再过十年贺百春。

女：王母娘娘同这寿，再过十年一百春；
天增岁月人增寿，运气全开福满门。

男：八仙过海来贺寿，王母娘娘添寿诞；
难为刘三一片意，主人个个好开心。

女：少了礼，应该祝福寿星人；
天上八仙来拜寿，拜得红颜百岁中。

男：千里滩头年年在，结下歌星三千春；
贱把寒言祝高寿，也同蟠桃一样青。

女：天上娘娘福分好，王母娘娘福寿高；
满门全是长延寿，敢和天公试比高。

男：蟠桃结果三年在，寿比南山同样高；
今夜寿星高堂坐，以后万年甲子春。

女：讲得好，以后寿星有福人；
福也好来寿也好，寿星年年好健康。

男：难为刘三讲得好，代表主家领贵情；
今日同君一席话，慢慢报答贵好心。

女：哪丈讲，讲得寒苗没为人；
一心一意来贺寿，可惜目蒙没会提。

男：贵人莫要这谦虚，话讲一言水样清；
千里迢迢来贺寿，堂中留下好歌声。

女：没上讲，贱是流泥[①]没上提；
贵有好歌陪不好，一句高来一句低。

男：莫讲流泥那本经，为了唱歌四海人；
走过几多山和水，唱过几多好歌声。

女：五湖四海水粼粼，四方八面有能人；
若有好歌也应唱，可惜目蒙陪贵声。

男：唱得没好陪得好，还是刘三太谦虚；
总靠歌堂人姊妹，放开海涵唱歌声。

① 流泥：稀泥。

女：唱过四海陪过仙，遇着才子下凡间；
才子下凡来陪贱，陪贱逍遥过五更。

男：小贱目蒙没上讲，麻雀没上凤凰啼；
住在青山云雾顶，多见树木少见人。

女：贵娘生贵聪明子，从小就进好歌堂；
文武双全都见过，四书五经都念全。

男：从小没曾唱过歌，鸭子没曾下过河；
今夜初初歌堂坐，一点一滴向贵学。

女：倒转乾坤开放今，一经说破与天长；
世上九江来汇海，遇着南海当深塘。

男：长江流水细滔滔，贵有好歌见逍遥；
今夜一同歌堂坐，还靠刘三[①]慢慢教。

女：遇着了，遇着海水现龙鳞；
天地之间陪贵耍，遇着好歌没会陪。

男：唱得好来唱得乖，唱得芙蓉万朵开；
可惜寒苗没会唱，大路不宜遇秀才。

① 刘三：指刘三姐，夸奖对方能唱。

女：锦绣河山人尽美，今日小贱进村来；
遇着先生礼丈好，可惜目蒙无歌才。

男：聪明到底是聪明，说话唱歌又谦虚；
只为贱歌没唱好，代表寒苗一片心。

女：贱娘生贱人怂蠢，没会陪来慢慢听；
今日寿星红喜酒，一心向贵来取经。

男：可惜了，小贱目蒙理没清；
从小没曾经风雨，理路何曾摆得清。

女：好花开在云脚底，听贵言来跟贵行；
十个先生来敬宝，老少闻听好逍遥。

男：几句粗言诉与君，贵有好歌陪没明；
莫怪寒苗开小差，高抬贵手谅寒人。

女：园中种得鸳鸯树，花发春天四处香；
一阵风来香四处，香飘四处过三江。

男：贵人歌理深如海，万丈深塘难见清；
歌也好来声也好，好比刘三下了尘。

女：青海葫芦四海转，五湖四海浪涛涛；
五湖四海滔滔水，等齐塘清四海飘。

男：五湖四海浪涛涛，贵是远方来逍遥；
见过几多风和浪，见过文才几风骚。

女：风吹四海明月照，小贱没知府内逛；
从小家寒生活苦，古今没知哪一方。

男：从小出门走四方，五湖山外贵懂行；
晓得水深走到海，晓得山高往南岗。

女：日上东山照万里，月到西山万里明；
东海扶摇西海岸，难为主家引贱行。

男：今夜主家引贵来，晓得刘三有歌才；
贵是歌言深似海，歌词如同水下滩。

女：东海撑船没到岸，寒苗思想没为人；
流浪仙村没懂理，隔江挑土慢为情。

男：浅水滩头龙戏水，急水滩头龙现身；
今夜刘三到贱地，歌堂还靠此中音。

女：子鸟飞高云中过，没上金桥渡过江；
井水得月月没亮，寒苗思想万般难。

男：玉言打开新天地，鲲鹏展翅恨天低；
贵是聪明通四海，浅浅寒歌跟贵行。

女：多得歌师讲得好，海水无风浪也高；
贱是目蒙没懂理，树是树来苗是苗。

男：贵是聪明又懂理，歌也好来声也嘹；
唱得芒筒沉下水，唱得珍珠水面漂。

女：贵讲古，哪有芒筒水底游；
哪有芒筒沉下海，哪有石头水面浮。

男：只为刘三歌唱好，总有真实在世留；
总有真实来见面，还是贵歌再起头。

女：莲藕下塘步步深，藕塘插藕藕根深；
贵是好歌来陪贱，陪伴寒苗到五更。

男：莫讲寒苗歌理好，也是初初下水漂；
今夜觉得不会唱，笑在眉头喜在心。

女：紫荆脚下满园香，遇着龙仙来捧场；
遇着龙仙三太子，陪贵唱歌到天光。

男：莫丈比，丈比寒苗苦在心；
小贱目蒙唱没好，多多放过海涵情。

女：寒言寒语唱没了，一齐换路贺寿星；
因为寿星堂上坐，大齐唱歌好娱乐。

男：哪舍讲，贵的歌言丈好听；
　　十二寒歌慢慢唱，慢谈慢唱过时辰。

女：东扯西来没好听，寒言寒语没好提；
　　留下寒歌今后唱，大齐还是贺寿星。

男：慢慢唱，慢谈慢唱慢逍遥；
　　十二时辰像水样，同样寒歌是好题。

女：贱到贵村吵闹多，寒歌留在贵山坡；
　　可惜日子没等了，以后相逢慢才提。

男：没要紧，十二时辰水样长；
　　齐把寒歌多唱句，慢谈慢唱过时光。

女：歌是这说话这讲，贵是好歌唱没完；
　　贵是好歌唱没了，只为寿星多喜欢。

男：贵放心，寿星堂中听歌声；
　　齐把寒歌多唱句，多唱寒歌是好心。

女：全家和气千般好，姊妹团结理解深；
　　恭贺主人时没到，又把寒歌多唱声。

男：几句粗言话讲清，今夜主人操了心；
　　主人操办中宵夜，齐到台中打点心。

女：福寿人家礼信宽，吃了一餐又二餐；
吃了晚餐没几久，又来麻烦众堂伴。

男：再邀起，贱把寒歌邀贵人；
齐到台中领个意，圆圆桌中领主情。

女：难为刘三这有意，邀了一般又二般；
劳碌主家没过意，劳碌众人没过心。

（歌暂停，众人吃宵夜，休息约一个小时后继续唱）

男：吃了中宵碗落台，八个瓷杯收拢来；
八个瓷杯收拢了，邀贵歌言唱转来。

女：多谢了，吃了中宵唱转来；
贵把歌言邀起贱，邀起寒苗唱转声。

男：吃了中宵碗落厅，八个瓷杯收拢庭；
八个瓷杯收拢了，邀起歌仙唱转声。

女：八个金杯收拢了，吃了中宵唱转声；
八个金杯收拢了，多谢主家好热情。

男：贵有意，收拢瓷杯谢主人；
理路条条摆得好，众堂老少好开心。

女：葡萄美酒夜光杯，欲饮琵琶马上催；
贱到贵村礼丈好，有吃有喝不知归。

男：多怠慢，贵到寒村怠慢多；
等到天亮路好走，慢慢回转贵家中。

女：七仙姊妹寿千岁，主家福比东海深；
又有福来又有寿，王母娘娘都眼红。

男：贺了一声又二声，声声恭贺寿星人；
福如东海长流水，寿比南山不老松。

女：贺了一句又二句，句句恭贺寿星人；
寿星福好命也好，人活百岁不稀奇。

男：六十甲子真甲子，岁岁平安真太平；
寿星福好千年好，福如东海万丈深。

女：恭贺主，寒言恭贺主家人；
恭贺主人千年好，挑担黄土变成金。

男：恭贺主，再来恭贺寿星人；
阳鸟报春春来到，四季财源滚滚来。

女：本是真，主家真是有福人；
六十甲子添甲子，又添甲子又添福。

男：说得好来说得真，又添甲子又添人；
老者健康长寿坐，少者诚实又聪明。

女：贵人好歌祝福寿，寒歌邀起贵家人；
恭贺老人千百岁，身体健康万年福。

男：但愿今朝年年有，但愿年年逢此日；
只为时间过得快，时间不等唱歌人。

女：时间过了真过了，邀起贵歌贺主人；
十二寒歌唱没了，一齐来贺寿星人。

男：为何理，为何就讲贺主人；
恐怕生活没习惯，还是礼节怠慢迟。

女：不是生活没习惯，好酒好菜好招呼；
只是寒歌唱不好，吵闹众堂心没安。

男：若是歌言这样讲，寒苗难见贵家人；
一来难见歌堂伴，二来难见听歌人。

女：没要紧，都是同根姊妹人；
一片木叶遮不了，满树木叶好遮阴。

男：一朵红花红一点，百花满园才是春；
今夜歌堂有贵在，众堂老少好开心。

女：不是寒单不舍意，大齐都要忙事情；
贵是好歌都唱了，只是寒单没为人。

男：若是贵歌这样讲，贱是真的难为情；
众村老少堂前坐，应该理解一般人。

女：难为众人来陪贱，贱是无为陪众堂；
因为寒苗不懂礼，总要贵声贺主人。

男：众堂老少围围坐，应该得个好安乐；
老者歌堂专心听，少者旁边慢慢学。

女：众堂老少围围坐，贵是好歌没尽唱；
若讲众堂跟贱意，恐怕时间没丈长。

男：是没错，以后时间水样多；
不论何时和哪地，遇着歌师慢慢学。

女：这也好来那也好，寒言寒语也好听；
齐家都是飞来鸟，一齐恭贺主家人。

男：主家福寿恭贺了，总得龙恩一片心；
近水楼台得月好，向阳花木又逢春。

女：近水楼台难渡船，寒花无雨难过春；
因为寒苗没懂礼，恭贺主家少年人。

男：自古有先才有进，天地不分是盲人；
家中无老哪来少，老少如同地和天。

女：自古以来都一样，有老有少有年轻；
尊敬老人少不了，少年一样要关心。

男：少年如同锦上花，此地良家福寿双；
福寿双全添锦绣，少年成才好顾家。

女：恭贺少年成才了，个个弄钱付回家；
个个将钱笼箱放，金满库来银满仓。

男：贺得好，海水无风浪也高；
老者鸡鸭肥又壮，少者发财步步高。

女：少者抓钱用没了，又把儿童贺一声；
出外读书排金榜，年年考试第一名。

男：贺得好，技压群芳第一名；
学堂读书读得好，朝中为官好做人。

女：七岁读书望书开，石板拦河望水来；
个个读书都下手，个个都是状元才。

男：双源是个好地方，男女老少喜洋洋；
姊妹同心总和气，是非长短有度量。

女：讲得好，寒言再贺主人家；
宝鼎呈祥香结彩，银台报喜烛生花。

男：贺得好，代表主家谢贵人；
贺一句来敬一句，贺一声来敬一声。

女：贱把寒歌再恭贺，寒歌恭贺众堂人；
和气生财个个好，一年四季寒安心。

男：贵人实在贺得好，姊妹同源在此开；
和气生财轮流转，四面财源滚滚来。

女：再恭贺，再把寒言贺一声；
金炉不断千年火，玉盏常明万岁灯。

男：多得歌师贺得好，代表主家领了情；
贵歌好比灵芝草，支支惊喜寿堂人。

女：丝线穿针十一口，我王头上戴八卦；
人王脚下瓜一对，东门头上草开花。

男：结义金兰贺得好，东海明月万里高；
但愿贵歌成真话，留给主家万代豪。

女：恭贺一声又二声，再把寒歌贺分明；
前面来龙千万里，后面来龙万丈高。

男：前后来龙贵贺好，左右住宅贱贺声；
　　左边一对金狮子，右边一对玉麒麟。

女：难为了，难为众堂老少人；
　　劳更过夜陪贱坐，恭贺众堂老少情。

男：贵有义，又来恭贺众堂人；
　　众堂老少围围坐，老少围围听贵声。

女：恭贺众堂人老少，恭贺众村老少人；
　　恭贺众堂身体好，少者学堂好成绩。

男：贵歌这样贺得好，应贵歌言贱贺声；
　　恭贺众堂人老少，身体健康人太平。

女：再恭贺，再把寒歌贺高师；
　　恭贺高师财运好，远近人家请高师。

男：贺一句来领一句，代表高师领了情；
　　东面遇着竹鸡叫，南边又听凤凰啼。

女：难为贵歌贺丈好，寒言恭贺贵家人；
　　辛苦贵人陪贱坐，恭贺贵人有福人。

男：多谢了，多谢龙恩一片情；
　　可惜目蒙没上贺，四两棉花没上提。

三江乡洗脚岭村歌师赵梅芳（右一）70 周岁生日，举办庆寿歌堂 / 摄

女歌师（手）们唱歌庆寿 / 莫纪德摄

女：恭贺一声又二声，寒言恭贺贵家人；
　　恭贺贵人福分好，儿女个个是能人。

男：贵贺寒苗领意了，贱把寒歌贺贵人；
　　福由九重天上赐，财从八卦地中生。

女：没上贺，寒苗怎上贵人提；
十二寒歌唱没了，寒苗再贺主家人。

男：贵贺真，这好歌言哪舍提；
众村老少围围坐，一齐想听贵歌声。

女：正月里来祝福主，祝福主家老少人；
今夜寒苗吵闹了，敬请主家放宽心。

男：歌言哪能这样讲，有福得遇有福人；
十年难遇金鸡叫，百年难遇凤凰啼。

女：感谢一声又二声，感谢主家老少人；
若有时间来这耍，也要开言唱两声。

男：若是贵歌这样讲，贱有歌言嘱咐君；
但愿寿星年年在，姊妹相逢在此日。

女：总靠贵歌讲得好，寿星年年好健强；
又添福来又添寿，人寿年丰度时光。

男：祝福一声又二声，又来祝福贵家人；
主家红喜年年有，不管那日或此日。

女：万贯家财容易捡，一寸光阴真难得；
难为众堂陪贱久，劳更过夜没过心。

男：若是刘三不舍心，可是歌堂有原因；
来到寒村怠慢了，回家瞒过众村人。

女：哪舍讲，万贯家财留没回；
急水滩头流没转，谢过主人把歌收。

男：若是歌堂这样讲，一夜时间水样长；
五谷丰登圆满了，几多情义在歌堂。

女：多谢了，寒蜂回转苦竹山；
孟子回转重阳殿，寒苗回转贱的家。

男：昨日往贵门前过，捡得龙仙一本书；
照本宣科一句话，歌师莫要记在心。

女：多谢了，寒蜂回转苦竹山；
龙王回转龙王殿，回转龙王殿上歇。

男：若是歌堂这样讲，齐家听了没安心；
今晚歌堂唱得好，全靠歌师有仙经。

女：孟子相交良惠芳，孟良挑水洗歌堂；
孟良挑水歌堂洗，莫留歌本在歌堂。

男：慢讲回家那本经，贱把寒歌话讲明；
今夜歌堂圆满过，大齐都得好安心。

女：孟子相交良惠青，孟良挑水洗歌厅；
孟良挑水歌厅洗，莫留歌本在歌厅。

男：再见了，寒苗再见老寿星；
但愿今日年年有，今后相逢在此日。

女：八仙桌子四四方，八个金杯排四方；
八个金杯排四面，今后歌堂各一方。

男：后会了，再见众堂老少人；
若是歌言不清楚，也到寒家住两日。

女：后会了，寒苗众堂各一方；
燕子衔泥各一处，歌师难逢各一方。

男：八仙桌子四个角，不念文章水样多；
今夜同君一席话，寒苗得遇好才学。

女：龙泉竹影已千秋，船自开来水自流；
今晚歌堂圆满了，听了贵歌享了福。

男：圆圆满满真圆满，看看堂中几自然；
老者年高岁岁有，少者读书考状元。

女：柑子栾栾滚过州，贵起歌堂一齐收；
今晚歌堂圆满了，恭喜主家发大财。

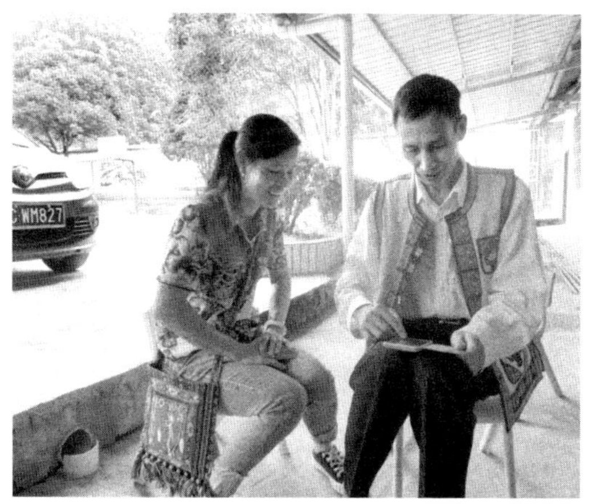

莫纪德与黄泥岗村女歌手冯自英在一起交流 / 莫模林 摄

男：恭喜主家发大财，某某年间有安排；
　　今夜歌堂圆满了，众堂老少得心开。

4. 新婚敬酒歌

（三江乡黄宝川搜集）

一杯喜酒亮晶晶，手端喜酒敬双新；
今日欢饮新婚酒，同心同德奔前程。

二杯喜酒清盈盈，我端喜酒敬新人；
新婚畅饮这杯酒，鸾凤和鸣盼添丁。

三杯喜酒暖洋洋，手捧喜酒贺新娘；
今日喝了这杯酒，来年添喜报吉祥。

四杯喜酒香又浓，新人结配满堂红；
新郎新娘同喝下，明年添子得双龙。

5. 贺寿歌

（莲花镇黄泥岗村冯自英提供，莫纪德收集）

福如东海水滔滔，寿比南山万丈高；
今日某某添福寿，年年岁岁有今朝。

宝鼎升光万年看，祝福堂中寿星人；
堂前来把八仙请，请得八仙贺寿星。

一洞神仙张果老，果老二万士千春；
骑上宝鹿来贺寿，送得仙桃贺寿星。

二洞神仙铁拐李，身背葫芦吐云烟；
葫芦内里装仙酒，仙酒贺寿百岁春。

三洞神仙汉钟离，手拿宝扇架云梯；
宝扇一摇就来到，仙酒送给寿星吃。

四洞神仙吕洞宾，一身潇洒走进厅；
高带金杯来贺寿，喝了白发又转青。

五洞神仙韩湘子，走进堂中吹玉笛；
祝寿堂中添热闹，大家欢喜享仙音。

六洞神仙蓝采和，手提锣鼓唱仙歌；
唱起仙歌来贺寿，返老还童多快活。

七洞神仙曹国舅，手拿云板四方游；
今日请到来贺寿，寿星康泰度春秋。

八洞神仙都请到，齐举金杯乐陶陶；
一起来把寿星贺，同祝寿星寿元高。

（冯自英，女，瑶族，莲花镇黄泥岗村歌手）

6. 彩头歌

（莫纪德搜集整理）

（1）拜堂歌（田明月提供）
一对蜡烛亮堂堂，堂前凤凰配成双；
一拜天来二拜地，三拜香火进洞房。

婚娶今朝礼拜堂，拜谢乾坤日月光；
四方吉利皆降福，夫妇齐眉寿元长。

(2) 洞房开箱歌(谢朝登提供)

媳妇娘，还不快快开笼箱；
开了笼箱拿饼果，分了饼果闹洞房。

莫要忙，三箱果子四笼糖；
慢慢分来慢慢讲，月亮出山夜还长。

(3) 抬茶歌(谢朝登提供)

双手抬起四杯茶，难为亲朋念梅花；
梅花成双客贺喜，新人抬茶谢客家。

茶盘圆圆一对花，凤凰双双喜抬茶；
客人吃了清茶水，恭喜明年得贵娃。

(4) 洞房交杯歌(谢朝登提供)

交杯酒盏是一双，好似红梅对海棠；
新人同饮交杯酒，百年恩爱共天长。

玉女朱唇饮数分，唯见杯中尚有存；
新郎故意留残酒，为惜馨香不忍吞。

(5) 煮汤歌(田明月提供)

恭喜表嫂生贵娃，乖乖长来乖乖大；
一颗明珠捧在手，娘爱子来子听话。

表嫂生娃人人夸，好比来看牡丹花；
这个娃仔生得好，读书高升享荣华。

（6）新屋封山歌（田明月提供）

手拿雄鸡五彩云，大吉大利上门庭；
张良鲁班大师傅，堂前左右配麒麟。

金鸡落地送宝来，钢刀落地聚钱财；
新起瓦屋千年住，儿孙代代宏运开。

闲杂歌

闲杂歌简介

本章共收录歌词720多首，其一为闲杂歌，其二为月歌，其三为夜堂歌。

闲杂歌因歌唱的场域与内容不便归类而得名。盘歌是一种一问一答的对歌形式，内容涉及面广且复杂，往往在夜堂歌中采用。《唐十仙娘歌》采集于观音乡水滨村文本《清筵歌章》，其歌词“茶锅煎出乌鸦眼，槌头点出牡丹花”，是瑶族“打”油茶的最早记载，是具有研究意义的史料。

月歌是借月起兴，以月叙事、抒情、说理的一种歌言种类。如《十二月采花歌》列举了从正月到十二月各种常见的花，告诫人们莫采它们。《十月怀胎歌》描述母亲十月怀胎的艰辛，教育人们要不忘父母恩情，要尽孝。《十二月花》纯属借“花”起兴，告诉人们要孝敬公婆、父母，家庭和睦、弟兄和睦、姐妹和睦、妯娌和睦、邻里和睦等，具有教育意义。

夜歌堂采录于三江乡的十八岭村、三寨村和莲花镇的凤岩村，因场域和主题有别而各具风采。

（一）闲杂歌

1. 戒赌歌

（观音乡蒋礼发搜集）

五郎出世好孽障，从小爱耍不叫娘；
手执阴阳云牙板，朝朝浪荡去赌场。

爷娘教训他不管，一身穿件烂衣裳；
朝夕混在赌场上，拿得铜钱两面光。

也有一日赢千贯，也有三日全输光；
也有三日挨饿肚，也有一日吃六餐。

风吹路边常躺饿，高山岭上受饥寒；
赢钱之时斗大胆，输钱之日像病羊。

百般丑态全出现，身上衣服全剥光；
有人问及为何事，眼睛落泪口难开。

2. 土地隆神歌

（观音乡蒋礼发收集）

土地神来土地神，土地出世有根源；
土公原是隆家子，爷姓扶桑母姓陈。

父母生养八兄弟，八人齐眉立乾坤；
丙午年间行厄运，一朝眼患去三人。

而后剩下五兄弟，分居五路做圣灵；
大哥生来荤不进，僧寺堂观做龙神。

二哥桥头做土地，管尽男婚女嫁人；
三哥田头做土地，百家门下保众生。

四哥山中做土地，掌管豺狼虎豹神；
唯有五哥年纪小，家堂庙宇做龙神。

3. 问仙下阴歌

（栗木镇大合村唐金秀讲唱，田明月搜集）

凡人请动各祖师，渡我下阴查阳事；
阳人快来烧纸钱，烧给土地开门先。

请动地来请动天，请动观音和七仙；
请动神灵和花母，给我阴间开花园。

打开花园查花根，请报阳人[1]姓和名；
生庚年月和岁数，我来查花好区分。

这朵白花[2]有点蔫，运气不好有半年；
阴差阳错心不定，没有哪时是安然。

4. 盘歌（一）

（栗木镇泉会村陈远辉讲唱，李成秋搜集）

什么下山背驼驼，什么过河不湿脚？
什么有嘴不讲话，什么笼内唱山歌？

野猫下山背驼驼，鸭子过河不湿脚；
菩萨有嘴不讲话，画眉笼内唱山歌。

伶俐还是你伶俐，聪明还是你聪明；
百根竹子交与你，看你聪明怎么分。

伶俐还是我伶俐，百根竹子我来分；
三十三根打大轿，三十三根打船篷；

① 阳人：生活在阳世间的人。
② 白花：指男孩，民间将男孩喻为白花，将女孩喻为红花。

三十三根打斗垫，还剩一根打鸟笼。

什么样人用大轿，什么样人用船篷？
什么样人用斗垫，什么样人耍鸟笼？

做官之人坐大轿，撑船之人用船篷；
坐家之人用斗垫，玩耍之人用鸟笼。

5. 盘歌（二）

（莫纪德搜集整理）

哪个八卦算得准，哪个火烧轩辕门？
哪个逼反黄飞虎，哪个潼关遇神灵？

子牙八卦算得准，飞虎火烧轩辕门。
纣王逼反黄飞虎，姜尚潼关遇神灵。

哪个南平祭东风，哪个遣火定辽东？
哪个夜把巴州过，哪个七十逞英雄？

孔明南平祭东风，郭嘉遣火定辽东。
张飞夜把巴州过，黄忠七十逞英雄。

三国神医是哪位，问你何处擒孟获？
连出祁山有几次，几个孔明把麦割？

三国神医是华佗，火烧藤甲擒孟获。
六出祁山谁不晓，三个孔明把麦割。

哪个白门斩吕布，不知哪个献苦肉？
谁人华容遇曹操，哪个进京来献图？

曹操白门斩吕布，黄盖甘心献苦肉。
关公华容遇曹操，张松进京来献图。

哪个宛城遇张秀，哪个造甲报先仇？
火烧赤壁是哪个，谁人拖刀斩夏侯？

曹操宛城遇张秀，张飞造甲报先仇。
火烧赤壁周公瑾，黄忠拖刀斩夏侯。

谁人潼关遇马超，杀得割须又断袍？
哪个用的连环计，火烧曹操无处逃？

曹操潼关遇马超，杀得割须又断袍。
庞统用的连环计，火烧曹操无处逃。

哪个连夜战张飞，哪个气得吐血回？
哪个长沙来造反，哪个天水收姜维？

马超连夜战张飞，周瑜气得吐血回。
魏延长沙来造反，孔明天水收姜维。

谁人火烧新野坡，不知谁人斩华佗？
哪个逼反狼牙箭，哪个撑船救大哥？

孔明火烧新野坡，曹操恼怒斩华佗。
周郎逼反狼牙箭，张飞撑船救大哥。

哪个过江去招亲，哪个大闹凤仪亭？
哪个五关斩六将，哪个失妹又折兵？

刘备过江去招亲，董卓大闹凤仪亭。
关公五关斩六将，孙权失妹又折兵。

谁人怀恨汉刘邦，几次带兵困荥阳？
哪个忠诚不怕死，何人逼霸在乌江？

项羽心中恨刘邦，三次带兵困荥阳。
纪信忠诚替主死，韩信逼霸在乌江。

哪个吹箫散楚兵，略保刘邦是何人？
哪个鸿门舞宝剑，请你一二讲我听？

张良吹箫散楚兵，略保刘邦是陈平。
樊哙鸿门舞宝剑，我把缘由讲你听。

请把古文讲我听，哪个出世哭不停？
谁人狸猫换太子，文武双全是何人？

我把古文讲你听，文忠出世哭不停。
郭槐狸猫换太子，文有包公武狄青。

哪个斩侄心不忍，大嫂在家命归阴？
手捧双灵是哪个，谁人闹死王蔡林？

包公斩侄心不忍，他嫂在家命归阴。
蔡林本是赵炳闹，披麻戴孝捧双灵。

哪个手拿落帽风，哪个申冤见包公？
卖菜养娘是哪个，不认母亲是何人？

海寿手拿落帽风，李后申冤见包公。
卖菜养娘是海寿，不认亲娘是仁宗。

谁人害了忠良子，七子上阵一子回？
谁人害了忠良子，七子上阵一子回？

仁宗沙滩双龙会，杨业碰死李陵碑。
仁美害死杨家将，唯有宗保逃命回。

何人夫落在番邦，回转宋营看亲娘？
哪个被箭来射死，何人盗骨到江阳？

四郎夫落在番邦，回转宋营看亲娘。
七郎被箭来射死，孟良盗骨到江阳。

哪个招亲穆柯寨，谁人赠宝下山来？
哪个怒斩亲儿子，是谁大胆摆擂台？

宗保招亲穆柯寨，桂英赠宝下山来。
六郎怒斩杨宗保，潘豹天齐摆擂台。

谁人押送生辰纲，谁人假装卖酒郎？
哪个酒醉灵宫店，哪个报信晁天王？

杨志押送生辰纲，白胜假装卖酒郎。
报信晁盖公孙胜，灵宫酒醉是刘唐。

谁人放火烧草料，哪个连夜把命逃？
谁人恼恨高衙内，哪个贫穷卖宝刀？

陆谦放火烧草料，林冲连夜把命逃。
林冲恼恨高衙内，杨志贫穷卖宝刀。

谁人遭难把楼困，哪个打死蒋门神？
何人祁山斩四虎，哪个戏叔败人伦？

宋江遭难把楼困，武松打死蒋门神。
李逵祁山斩四虎，金莲戏叔败人伦。

制用毒药是哪个，谁人饼内放毒药？
谁人杀死西门庆，冤家对头走不脱？

金莲制用毒药汤，药死丈夫武大郎。
武松杀死西门庆，为兄报仇理应当。

哪个下山把计献，哪个假装哑道童？
哪个中了牢笼计，谁人算命定吉凶？

吴用用计把山下，李逵甘愿当哑巴。
中了计谋卢俊义，命带灾星也无法。

哪个客店去偷鸡，哪个江边去偷鱼？
哪个杀妻去逃难，哪个打死镇关西？

时迁客店去偷鸡，李逵江边去偷鱼。
杨志杀妻去逃难，鲁达打死镇关西。

哪个逃难做和尚，酒醉打虎景阳冈？
谁人监斩卢俊义，哪个敢去劫法场？

武松逃难做和尚，酒醉打虎景阳冈。
大名监斩卢俊义，灵成石秀劫法场。

谁人做事太过分，狗肉包子去济僧？
死后变蛇是哪个，谁人困死在台城？

李逵做事太过分，狗肉包子去济僧。
困死台城梁武帝，死后变蛇受苦伦。

含冤负屈是哪个，死去三年雨不落？
哪个兄弟不见面，谁人把他昆仑夺？

齐氏死了受寒冤，死去三年雨不落。
参商兄弟不见面，狄青把他昆仑夺。

哪个夫妻好悲伤，一年才得会一场？
他去哪山来避难，若是在家命遭殃？

牛郎织女各西东，每年七夕才相逢。
风景山上来避难，若是在家命遭殃。

火烧绵山是哪个，母子为命逃不脱？
不做高官宁愿死，从古至今少见着。

为母逃难介之推，火烧绵山受逼危。
母子死得好凄惨，一年只得逢一回。

不知哪个劫王纲，谁人仗义二贤庄？
共有几人同结拜，为何无故上瓦岗？

咬金俊达劫王纲，雄信仗义二贤庄。
三家店前同结拜，三十六人上瓦岗。

哪个为王在瓦岗？哪个八卦定阴阳？
谁人三鞭换两锏？哪个斧劈老君堂？

李密为王在瓦岗，茂公八卦定阴阳。
秦琼三鞭换两锏，咬金斧劈老君堂。

你今聪明对我说，谁人胆大入地穴？
下到地穴见哪样，如何对待来区别？

仁贵大胆入地穴，看见铁柱绑毒蛇。
它喊仁贵把它放，反与仁贵把冤结。

仁贵仍然往里走，请你一二讲根由。
走进火房见哪样，他又如何起计谋？

仁贵再走到灶头，一龙二虎九头牛。
三样都是面粉做，此时肚饿起心偷。

望你聪明对我讲，说他看见玄母娘。
送他宝物哪几件，日后才能征番邦？

震天弓来穿云箭，水火袍和白虎鞭。
无字天书共五件，征番要花十五年。

哪个头戴钻天帽，哪个脚穿入地鞋？
哪个偷营被打死，你若晓得讲出来？

秦汉头戴钻天帽，一虎脚穿入地鞋。
应龙偷营被打死，不妨对你讲出来。

谁人提刀杀父亲，哪个射死白虎星？
我今不明请问你，望你对我讲分明。

梨花提刀杀父亲，丁山射死白虎星。
这是一报还一报，冤家遇着对头人。

（《盘歌》摘自恭城文化局 1989 年编印的《恭城县歌谣集》）

6. 油茶歌

（观音乡蒋礼发搜集）

我家来了好贵客，架起茶锅打油茶；
油茶打出乌鸦眼，人人称赞牡丹花。

一日三餐打油茶，不离生姜和葱花；
花生炒米是作料，油茶泡粥也不差。

瑶家油茶真的香，好比桃花向阳开；
蜜蜂为花飞千里，我为油茶走破鞋。

贵客来到我们家，如同鱼仔下长江；
妹做饭来哥炒菜，妹打油茶哥放姜。

一两茶叶半两姜，打出油茶喊妹娘；
好茶一杯精神爽，好花一朵满园香。

7. 茶酒郎

（观音乡蒋礼发搜集）

茶酒郎，茶酒郎，敬茶敬酒好内行；
百家门下需要你，酒席面前差二郎。

蜜蜂采花做酒饼，燕子衔泥做酒缸；
酿出一缸双料酒，一缸好酒满天香。

酒司敬奉三巡酒，酒席会上有琼浆；
合会众人同欢饮，神灵保佑百事昌。

8. 钱纸歌

（观音乡蒋礼发搜集）

殿堂孝鼓未停声，惊动亲朋到灵堂；
每人四句轮流转，陪伴亡人到天明。

我想前来唱一段，怎奈心中无主张；
书未读来卷未看，未曾晓得哪一行。

昨天走那街前过，看见一家做道场；
七师八道九和尚，吹吹打打闹洋洋。

两边挂起十王殿[①]，中间立起三清[②]堂；
素色斋供灵台摆，炉中烧纸又烧香。

上方哭的儿和女，下方哭的媳妇房；
儿媳哭得惊天地，儿女哭得断肝肠。

孝子跪在尘土地，哭得亡人身乱翻；
人死还要钱和纸，先将造纸说一方。

混沌初开无纸卖，打匹绫罗搭上苍；
王母收得竹子种，交给凡间撒竹秧。

先种三年不发笋，后种三年不发秧；
丙年年间雷惊动，惊动凡间竹发秧。

接连发出七根笋，蝗虫咬断四根心；
篙竹生在桃源洞，毛竹生在小桃园。

① 十王殿：指阴间掌管人间生死的十殿阎王。

② 三清：道教的三位至高神，即玉清元始天尊、上清灵宝天尊、太清道德天尊（太上老君）。

只有三根通天长，生给凡间造纸张；
五月端阳去砍倒，九月重阳拉下山。

打烂放在水中漂，又用石灰咬一场；
石灰咬后锅中煮，舂烂放在木桶装。

就请张良定一计，造成浆水不平常；
张良织成麻一把，槽头造纸无主张。

先造三年不成纸，后造三年不成张；
张良那时来思想，跪在槽头哭一场。

太白星君来指引，指引张良造纸张；
张良心中多欢喜，一槽造出草纸张。

二槽造的光宣纸，天子门生写文章；
三槽造的糊贤纸，卖田买地写契章。

四槽造的青梅纸，文官写表奉君王；
五槽造的是火纸，打破钱财答上苍。
孝子钱财用火化，化给张良造纸张。

9. 闲歌

（三江乡黄胜姑讲唱，黄宝川收集整理）

妹今出世捧头出，妹今归世捧头归；
芒筒梗子一担去，单角牛牯不归头。

天上云雾层层过，地上凡人层还层；
山中只有千年树，世上难逢百岁人。

千蔸枞树共个岭，万朵乌云共个天；
同时天光同时亮，九州八府共朝廷。

大沟水干虾拢岸，小沟水干虾拢边；
鲤鱼水干来寻水，同伴拢边好宽心。

急水滩头洗韭菜，水推韭菜满江洲；
水推韭菜九路去，九个同伴去九州。

头世无歌又无本，十分愁坏九分人；
龙眼秀才造歌本，刘三姐妹造歌声。

苦情妹，不讲苦情人不知；
眼泪浸湿席子底，抹干眼泪又出行。

苦情妹，不讲苦情人不知，
铜罐煨粥调羹舀，何曾吃饱哪一餐。

天井背后种柑子，柑子垂垂弟做官；
白日走出有人请，夜里明灯有人求。

无事就把歌来唱，无风就把扇来摇；
田蒙[①]就把田来踩，地蒙就把火来烧。

山歌好唱难起头，起屋难起绣花楼；
烧瓦难烧琉璃瓦，生铁难打钓鱼钩。

唱歌莫给歌声断，喝酒莫给酒壶干；
过桥就怕桥梁断，桥梁断了路难弯。

唱歌才子真才子，读书才子假才郎；
读书还要老师讲，唱歌开口就成章。

老了难，老了唱歌难转弯；
哪比当初十八岁，歌声飞过九重山。

五月分龙夏至边，雨落高山不落田；
弟今好比分龙雨，肝肠想断难拢边。

① 蒙：方言，形容杂草很多。

书生莫怨放学迟，少年青春有几时；
日月如梭催人老，后来莫悔读书迟。

大炮王，三斤甘蔗九斤糖；
一颗糯米三坛酒，半边萝卜用船装。

10. 闲歌杂录

（莫纪德搜集整理）

（熬酒）
广南面上起云雾，南山洞里文火熏；
银顶山腰落细雨，缸子栾栾趸手巾。

（情歌）
莫喊屋，喊屋不如唱支歌；
只有唱歌才有理，哪有喊风传妹名。

江边杨柳排对排，割廾杨柳等船来；
杨柳等船船等水，蜜蜂落树等花开。

蜜蜂飞过千座岭，一心来望桂花开；
蝴蝶为花飞断翅，鸬鸟为鱼飞下滩。

讲起唱歌心就开，家有良田弟不耕；
宁愿上街卖贵米，洛阳桥上耍花灯。

（单身歌）

讲起单身好不亏，罐子煮粥慢慢煨；
烧火不燃抹眼泪，抹干眼泪又来吹。

自己关门自己开，自己吃酒自己筛；
自己铺床自己睡，半边席子起青苔。

独个独来单过单，独个画眉在青山；
独个画眉青山叫，早叫孤寒夜叫单。

今早吃饭不下喉，手拿筷子顶心头；
不想双来吃半碗，想起双来把碗丢。

古俗不讲人不知，身上衣裳借来的；
上路有人下路躲，好比路边蛇换皮。

千苦万苦算弟苦，千难万难算弟难；
妹难还有瓦屋住，哥难今朝住石岩。

叹声大气一身松，世上难寻我那穷；
洗了鼎锅无米煮，灶头生草落黄蜂。

苦忧忧，哥是菜园苦麻蔸；
哥是后园苦麻菜，苦麻结籽无人收。

三个柱头四个叉，三间茅屋是弟家；
睡到五更蛆仔叫，不知蛀断哪条叉。

（烧烟歌）

久不烧烟口又酸，久不连双心又烦；
十字路头碰着妹，心中事情讲不完。

好烟香，好烟种着地当阳；
好烟种着当阳地，烟叶皮皮行对行。

烟叶皮皮行对行，春催苗来夏壅厢[①]；
若是淋点生麸水，吞云吐雾满屋香。

吞云吐雾满屋香，贵客远来进厅堂；
端个凳板请客坐，递斗土烟给你尝。

（五更歌）

一更得梦一思想，二更得梦二思量；
三更得梦讲私话，四更得梦得成双；
五更得梦金鸡叫，金鸡连叫到天光。
天光了，爬起床来穿衣裳；
穿衣不快拿起走，穿鞋不快踏起来；
一脚踏出屋门口，二脚踏出火炉房；
三脚踏出大门外，东望日头西望双。
东望西望都不见，眼泪流流湿衣裳；
流到衣裳衣会烂，流到石头石板光；
流到高山架得枧，流到平地撒得秧；

① 壅厢：方言，指以土培根。

流到江边涨大水，一直流见海龙王。
海底龙王起来问：七十二行想哪行？
七十二行都不想，只想和妹连成双。

（油茶歌）
一抓茶叶一坨姜，打出油茶酽又香；
喝了一碗又一碗，如同喝了占鸡汤。

若想油茶酽又香，慢捶慢打不作忙；
锅头辣了放热水，搭热喝来慢品尝。

瑶人饮食板路多，两餐油茶跑不脱；
生姜一年吃担把，茶叶一年吃几箩。

假餐[①]油茶淘冷竹，填饱肚子好舒服；
连喝三碗呗用菜，如同过年吃扣肉。

（采茶歌）
谷雨时节雨涮涮，山坡野岭闹喳喳；
若还是邦唱歌女，这边唱来那边答。

妹仔家，戴起雨帽去采茶；
背脊背个大背篓，前头挂个大妈叉[②]。

① 假餐：三餐之外的复餐，瑶族生活习惯。
② 大妈叉：指背袋。

七十妈，手脚如同后生家；
杉秀[1]枫叶随手扯，七捞八搞做药茶。

讲起制作蛮费神，油水翻炒先去青；
脚踩手搓要弄卷，再才上灶用火熏。

（杂歌）（莲花镇黄泥岗村冯玉英提供）
石头重重不见山，路途弯弯走不完；
雷声隆隆不下雨，大雪飞飞不见寒。

一块石头两半开，在妹面前滚得乘；
黄的从上倒进去，白泡慢慢流出来。（石磨）

11. 六十甲子歌[2]

（三江乡栗田村黄胜姑讲唱，黄宝川搜集整理）

甲子乙丑海中金，海里中金万丈深；
丙寅丁卯炉中火，炉中有火炼黄金。

---

① 秀：方言，指嫩芽。

② 六十甲子通过天干（甲、乙、丙、丁、戊、己、庚、辛、壬、癸）与地支（子、丑、寅、卯、辰、巳、午、未、申、酉、戌、亥）进行循环组合，甲子、乙丑、丙寅、丁卯……一直到癸亥，共得到60个组合，每一个组合就是一年的名称，称为六十甲子，即六十年一个轮回。每两个组合配一个五行（金、木、水、火、土）命相，甲子、乙丑配海中金，丙寅、丁卯配炉中火，戊辰、己巳配大林木，庚午、辛未配路旁土等。六十甲子歌朗朗上口，易学易记，显示出瑶族文化的魅力。

戊辰己巳大栗木，栗木树子好遮阴；
庚午辛未路旁土，路旁有土有人民。

壬申癸酉铡锋金，铡刀出手不忠诚；
甲戌乙亥山头火，山头有火照光明。

丙子丁丑涧下水，涧水长流日夜明；
戊寅己卯城头土，城头有土好安身。

庚辰辛巳白蜡金，白蜡变烛奉神灵；
壬午癸未杨柳木，杨柳牵丝过海心。

甲申乙酉泉中水，泉中有水养人民；
丙戌丁亥屋上土，屋上有土遮人身。

戊子己丑霹雳火，霹雳烈火伤人心；
庚寅辛卯松柏木，木在青山四季青。

壬辰癸巳长流水，长流水里日月明；
甲午乙未沙中金，沙中土内出黄金。

丙申丁酉山下火，山下有火不烧人；
戊戌己亥平地木，平地有木好遮阴。

庚子辛丑壁上土，壁上画虎画麒麟；
壬寅癸卯是白金，白金妆像奉神灵。

甲辰乙巳符灯火，符灯点火照神灵；
丙午丁未天河水，天河有水养人民。

戊申己酉大洋土，大洋土上好安身；
庚戌辛亥金中金，拆金代答有名声。

壬子癸丑桑树木，桑树有木养精神；
甲寅乙卯大洪水，洪水茫茫流不停。

丙辰丁巳沙中土，沙中有土有黄金；
戊午己未天上火，天上有火不乱行。

庚申辛酉石榴木，石榴开花叶又青；
壬戌癸亥大海水，海水还会上天庭。

安定金木水火土，六十甲子定周全；
哪人想吃仙桃果，田禾不种上青天。

（讲唱人：黄胜姑，女，1922年9月生，2017年故，三江乡栗田村人。自幼热爱山歌，16岁起参与夜歌堂主唱。她出歌快、歌理好，在佴家上垌小有名气。）

12. 唐十仙娘歌[①]

（莫纪德搜集整理）

东楼引出西楼姐，西楼引出十桃衙；
上亦不知娘出处，下亦不知娘住村。

自小不知娘出处，正住下车真武衙；
前门都是细瓦盖，后门尽是象牙装。

十娘当初十七八，不得一人做媒人；
相请李家李七姐，七姐原是做媒人。

问得十娘年月准，退行三步去报他；
人家养女由爷许，十娘开口不由爷。

秀才听闻心欢喜，四边同伴笑呵呵；
东海买盐亦上拜，西海买茶不上包。
三两黄金打对镯，四两白银打对花。

三日洗纱纱不白，手上银绫白如霜；
好日多同人起屋，好日多同人过茶[②]。

① 摘自观音乡水滨村周明均所藏《清筵歌章》。歌中“相请十姐来敲茶”“槌头点出牡丹花”是恭城打油茶习俗的最早（明初）记载。

② 过茶：恭城观音乡瑶族风俗，指男方带着茶叶和食盐等礼物到女方家相亲。该地至今仍用“过茶”来指代“相亲”。

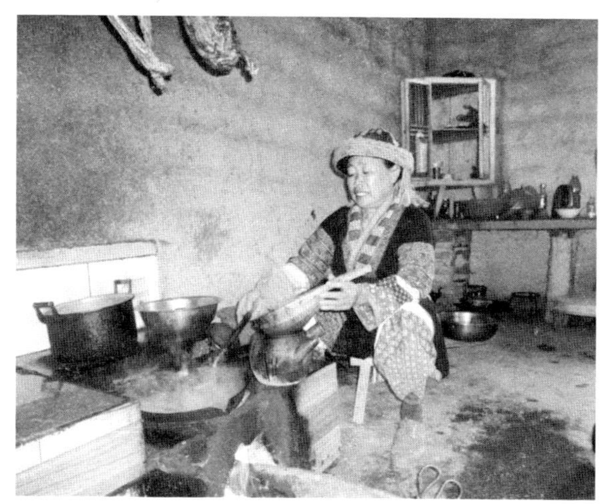

西岭镇新合村女歌师邓金秀打油茶招待来访客人 / 莫纪德 摄

撰得[1]好年无好日，撰得好日无好时；
撰得上元甲子日，七月七香人过茶。

路上有人相借问，秀才去过十娘茶；
相请十姐来敲茶[2]，一敲盐茶到她家。

先请李家做大保[3]，后请舅爷做都衙[4]；
三十六人位上坐，当厅坐断十娘茶。

茶锅煎出乌鸦眼，槌头点出牡丹花；
十指琉璃托茶盘，盏盏托出待仙家。

---

① 撰得：选择。

② 敲茶：打油茶。瑶族习俗，男方来相亲时，被“相”的女子要亲自下厨打油茶招待客人。

③ 大保：指媒人。

④ 都衙：衙门主官，喻指主事的人。

多插琉璃少插串，四边同伴笑呵呵；
秀才学得吹箫管，十娘学得弹琵琶。

两家都是巧家子，入得游神不思家；
当初错入游神队，游游野野不思家。

13. 十跪父母

（栗木镇泉会村唐宏君提供，莫晓娴收集）

一跪：十月怀胎娘遭难，一朝落地娘心宽；
赤身无有一根线，问爹问娘要吃穿；
夜夜五更难合眼，娘睡湿处儿睡干。

二跪：倘若有病请医看，情愿替孩把病担；
东拜菩萨西拜仙，焚香抽签求仙丹；
孩儿病情得好转，父母方才展笑颜。

三跪：学走恐怕跌石坎，常防火与水边边；
时时刻刻心操碎，行走步步用手牵；
会说会走三岁满，学人说话父母欢。

四跪：八岁九岁送学堂，望儿发奋赛圣贤；
衣袜鞋帽都办全，冬穿棉来夏穿单；
先生打儿娘心酸，拂袖掩面泪擦干。

五跪：父母真情比海深，为孩花钱不心疼；
早起晚睡赚钞票，自己不舍花分文；
莫让孩儿差别人，恨把黄土变金银。

六跪：儿女出门娘挂念，梦魂都在孩身边；
常思常念常许愿，望孩在外多平安；
倘若音信全不见，东奔西跑夜不眠。

七跪：养儿养女一样看，十七八岁结姻缘；
烧香问神求灵签，力出尽来汗流干；
花钱多少难算尽，为了儿女把账欠。

八跪：成家立业儿女安，父母操心仍不断；
千辛万苦都受遍，父母恩情有千万；
如若生儿娘不管，儿女焉能有今天。

九跪：父母心系儿女身，操心操到病满身；
满头青丝变白发，脸起皱纹身变形；
儿女回家笑常在，嘘寒问暖忙炒菜。

十跪：父母年老得病患，谁请医来药谁煎；
二老能活几多年，儿女团圆有几天；
父母百年闭了眼，几多儿女在身边。

（提供人：唐宏君，男，瑶族，栗木镇泉会村淌江源屯人。）

14. 采茶歌

（西岭镇营盘村伍炳香讲唱，莫晓娴收集）

正月采茶贺新年，手拿金钗典[①]茶园；
典落茶园二十亩，当官写契面交钱。

二月采茶茶出芽，脚踏茶园手采茶；
郎采多来妹采少，多多少少背回家。

三月采茶茶叶青，妹在家中绣手巾；
两边绣起茶花朵，中间绣起采茶人。

四月采茶茶叶黄，男人忙来女人忙；
女人采茶养蚕老，男人烧茶麦焦黄。

五月采茶茶叶圆，茶山树下有蛇盘；
办起三牲[②]并纸烛，烧给山王保太平。

六月采茶茶叶长，茶山树下好乘凉；
郎妹双双生得好，青梅竹马情意长。

七月采茶叶难打，夜间织布伴月光；
织起粗布三五匹，做起新衣送情郎。

① 典：典当。

② 三牲：俗语，指鸡肉、猪肉和鱼三样祭祀供品。

八月采茶茶花开，风送茶花满园香；
顺风送去三十里，逆风回来十里香。

九月采茶九重阳，家家沤酒菊花香；
别人喜欢菊花酒，奴家举杯把茶尝。

十月采茶过瓯江，肩挑茶担走得忙；
脚踏船头匆匆走，卖了茶叶办嫁妆。

十一月采茶过岭西，南北山头雪花飞；
富人在家烤炭火，奴在茶山受苦凄。

十二月采茶过岭冬，卖了茶叶转回家；
等候明年春三月，茶山树下再相逢。

（讲唱人：伍炳香，女，瑶族，西岭镇营盘村桐子湾屯人。）

（二）月歌

1. 十二月当兵歌

（栗木镇田日润讲唱，田明月搜集）

正月当兵百花开，朝里文书点兵来；
长长短短都点到，点中我家独龙孩。

二月当兵冷兮兮，儿去当兵娘哭泣；
儿辞父母上了路，摇手告别就分离。

三月当兵过清明，家家户户去上坟；
祈求阴间多保佑，儿去当兵求太平。

四月当兵泪纷飞，离妻一去几时回？
早早关门早早睡，莫听别人扯是非。

五月当兵把妻教，肚里婴儿叫毛毛；
如今乱世夫命苦，生死路上也难逃。

六月当兵早禾黄，妻背谷桶夫背枪；
你在家中养慈母，我在军营保边疆。

七月当兵七月七，天上人间两别离；
一夜思乡想家眷，刀光剑影把人逼。

八月当兵望月圆，夫在地狱妻在天；
要是哪天头落地，贤妻多来烧纸钱。

九月当兵菊花黄，落叶飘飘人凄凉；
野菜当餐来活命，一堆霜叶来铺床。

十月当兵打白霜，想妻想家想断肠；
人讲在家千日好，异地再好也荒唐。

十一月当兵打倭寇，胜战归营雄赳赳；
左手拿把青龙剑，右手提个死人头。

十二月当兵又一年，解甲归田建家园；
全村喜喝庆功酒，远征回归家团圆。

（讲唱人：田日润，男，栗木镇大合村人，已故。）

2. 十二月连情歌

（栗木镇汪月秀讲唱，田明月搜集整理）

正月正，龙灯狮子调进村；
哥在前头调狮子，妹在后头步步跟。

二月一，农民开始铲田基；
妹在田边割老草，哥在妹旁把田犁。

三月三，播种撒秧把田翻；
妹来平厢[①]哥来撒，边讲边笑好心宽。

四月八，捞起衣袖把裤扎；
阿妹捞起白白腿，阿哥假装眼看花。

① 厢：方言，注。

五月五，包好香粽过端午；
哥去妹家把节送，不怕山高有饿虎。

六月六，满田满垌早禾熟；
隔久没走这田过，这里不觉好生疏。

七月七，农忙时节少休息；
起早贪黑赶秋货，久不见妹好心急。

八月八，又快中秋去妹家；
去给阿妹把节送，一包月饼一只鸭。

九月九，我俩相伴情长久；
当初合掌许了愿，相依相爱到白头。

十月十，霜风吹落叶千枝；
落寞莫叹人快老，人人都有这个时。

十一月，天上阴阴雨夹雪；
哥愿做妹一灶炭，时刻帮妹把心热。

十二月，一年辛苦过特别；
买吃买穿买用品，筹办嫁妆把妹接。

3. 十二月采花歌

（观音乡蒋礼发搜集整理）

平戥大王花台坐，花林父母说原因；
桃源洞里有一家，两个花童会剪花。

剪出此花桥上过，又被狂风吹下河；
此花推入桃源洞，至今留下在凡间。

今日花台来唱过，度过花童寿元长；
花生子来花结果，弟子请你上桥梁。

正月莫采金钱花，金钱开花是喜花；
金钱开花不结籽，上无叶来下无芽。
我今送在三门外，三天门外上马车。

二月正采桃李花，桃李花开果满园；
桃李开花多结果，果子有叶来护他。
我今送你私房内，私房里面保儿孙。

三月莫采山茶花，山茶花开是虚花①；
四月莫采芙蓉花，两样花心都虚假。

① 虚花：只开花不结果的花。

送虚花来送虚花，送你不修不舍家；
不修不舍不等限[1]，米发水来盐掺沙。

五月正采石榴花，石榴花开叶子青；
石榴花开多结籽，石榴结籽不藏身。

六月莫采木莲花，木莲开花是虚花；
木莲开花不结籽，上无叶子下无芽。

七月正采莲叶花，莲叶花开水上眠；
莲叶花开多结籽，荷叶装水得团圆。

八月正采五谷花，五谷结籽养凡人；
一来养得爷娘老，二来养得子孙人。

送真花来安真花，我今送你原来家；
原来有缘搞孕带，能青能白又能红。

九月莫采菊叶花，菊叶开花是虚花；
菊花开时不结籽，上无叶来下无芽。

送虚花呀送虚花，送你青山蛮子家；
大山蛮子不等限，杀人放火唯有他。

十月正采茶籽花，茶籽开花满园香；
茶籽开花多结籽，上有叶来下有芽。

① 不等限：不循规蹈矩。

十一月正采枇杷花，枇杷花开叶又青；
枇杷开花多结果，上有叶来下有芽。

十二月正采梅子花，梅子开花伴雪开；
自古梅花开两次，一次虚来一次真。

梅子开花多结籽，上有叶来下有芽；
真花送入私房内，虚花相送上桃园。

上唱铜钱十二个，铜钱上面说分明；
上造开字开天地，下造圆字保团圆。

左造通字通州府，右造宝字保周全；
中间井字分明白，井字硬把索来牵。
长麻系线来提起，与那花童定阴阳。

4. 十月怀胎歌

（三江乡郑焱彬提供，莫纪德收集）

自古有本怀胎经，感动炎黄子孙人；
只是寒单读书浅，就怕经文讲不明。

若是讲起怀胎经，寒单略知一二情；
若是贵人你想听，寒单就来讲分明。

一月怀胎在娘身，桃李花开正逢春；
春不到时花不艳，怀胎一月不知音。

二月怀胎才知音，阿娘好比酒醉人；
行路不知高低走，坐在家中闷沉沉。

三月怀胎三月三，三餐茶饭吃二餐；
两餐茶饭都不想，只想酸梅口中含。

四月胎儿长手脚，头顶面目也生成；
十指尖尖如嫩笋，扯娘肝肺痛娘心。

五月怀胎在娘身，是男是女定分明；
左边动来是男子，右边动来是女人。

六月怀胎三伏天，烧水煮饭难上前；
百般家务不想做，脚下花鞋不想穿。

七月怀胎七孔成，可怜孕妇好愁人；
一愁怀胎难分娩，二愁孩儿难离身。

八月怀胎八月忙，八月谷子满垌黄；
一愁鸡鸭难看守，二愁谷子难进仓。

九月怀胎在娘身，有时肚痛实难禁；
心想要回娘家去，恐怕孩儿路上生。

十月怀胎正当生，孩儿肚内打翻身；
一阵痛来一阵苦，痛苦难当落三魂。

牙齿咬得铁钉断，双脚踏在地狱门；
阎王面前隔张纸，如见奈河浪层层。

孩儿落地哭一声，母在阴府见阎君；
孩儿落地哭两句，母见阎君打转身。

十月怀胎多辛苦，如今慢慢得离娘；
一岁在娘怀里抱，二岁在娘怀中藏。

三岁在娘身边走，四岁开始训儿郎；
五岁六岁教礼义，七岁初初识文章。

八岁出门进学堂，母在家中想儿郎；
早晨出门望中午，中午望到日头黄。

九岁十岁不懂事，到处乱跑不愿停；
河边又怕河水大，路上又怕路不平。

孩儿长到十一二，半步不舍离娘身；
晴天又怕日头晒，雨天又怕雨来淋。

孩儿长到十三四，此时孩儿最调皮；
又怕孩儿不听话，又怕先生打鞭尺。

十五孩儿初长大，如同园中一枝花；
冒芽骨朵将开放，为娘心里乱如麻。

孩儿长到十六七，正当买马正当骑；
孩儿初初行远路，送儿一里泪千滴。

孩儿长到十八岁，娘又操心孩儿郎；
操心儿郎配婚事，如何成亲拜高堂。

若是孩儿成婚配，此中情义人不知；
娘盼他俩千般好，一世到头永不离。

有妻就讲妻子好，嫁夫就讲丈夫强；
去到人前夸好汉，养育深恩莫要忘。

5. 十月望郎歌

（栗木镇大合村欧阳玉凤讲唱，田明月搜集）

正月望郎细雨飘，望郎望得好心焦；
泪水泡饭吃进肚，闷气吞声肚难消。

二月望郎心烦躁，越望越是路远遥；
一个天来一个地，再无喜鹊来搭桥。

三月望郎人瘦小，越望越觉花已凋；
别人哪知妹心思，还讲越长越苗条。

四月望郎去寻庙，越望越想把香烧；
祈求观音多保佑，寻媒牵线又搭桥。

五月望郎水滔滔，越望越觉心在漂；
好比浮萍在浪里，随水浪低是浪高。

六月望郎把信捎，越望越觉难做到；
望郎不知郎在哪，路头无人打草标①。

七月望郎好缥缈，心无主意请人教；
问他问你都问遍，一个更比一个骚。

八月望郎有目标，越望越觉有蹊跷；
屋里又见火好笑，外头又见喜鹊叫。

九月望郎托媒找，越望越觉有门道；
媒婆上门来讨礼，事成打个大红包。

十月望郎把喜报，鸾凤和鸣佳期到；
大红花轿来接妹，鼓手吹起迎亲调。

（讲唱人：欧阳玉凤，女，瑶族，栗木镇大合村人。）

① 打草标：指打记号。瑶族风俗，用茅草打结放在某物上表示此物有主，不能乱动，否则受罚。

6. 十月花

（三江乡黄宝川搜集）

正月里来正月花，龙灯狮子到我家；
亲朋好友来送礼，十盘果子九盘花。

二月里来二月花，后园阳鸟叫喳喳；
一来叫起阳春早，二来叫起牡丹花。

三月里来三月花，三月笋子才爆芽；
十八满姑扯笋子，手扯罗裙包笋芽。

四月里来四月花，新打镰刀割苎麻；
长麻短麻割完了，留出麻蔸发二麻。

五月里来五月花，五月龙船水上划；
二十四支花摇桨，中间打鼓两边扒。

六月里来六月花，六月日头火辣辣；
有钱买把清凉伞，上遮日头下遮花。

七月里来七月花，七十老汉捡棉花；
上岭捡到下岭去，捡得头昏腿又麻。

八月里来八月花，八十婆婆纺棉纱；
两头纺起泥鳅肚，中间纺起牡丹花。

九月里来九月花，九十公公抱娃娃；
上街走到下街耍，走了西家走东家。

十月里来十月花，十八满姑回外家；
左手拿把清凉伞，背上背个小娃娃。

7. 十二月花

（三江乡黄宝川搜集整理）

茶花开来早逢春，媳妇贤良敬大人；
保佑公婆年百岁，门前大树好遮阴。

孝敬公婆是第一，自身也要做婆身；
一心一意行孝道，皇天不负善心人。

杏花开来是春分，孝顺儿孙敬双亲；
爷娘养子千般苦，不敬爷娘敬何人。

孝顺还生孝顺子，忤逆乃生忤逆人；
不信你看屋檐水，点点滴滴不差移。

桃花开来是清明，夫妻好合度光阴；
丈夫不必嫌妻丑，为妻切莫怨夫贫。

姻缘本是前生定，贫富美丑命生成；
千里迢迢来相会，夫妻恩情海样深。

蔷薇花开四月中，兄弟和睦家兴隆；
兄要从容来爱弟，弟应一心恭敬兄。

兄俭弟勤一条心，门前黄土变成金；
若有嫌疑离别意，万贯家财保不成。

石榴花开是端阳，姑嫂做事要商量；
嫂嫂有事姑娘做，姑娘有事嫂上场。

在家莫借爷娘势，姑嫂互敬爱如常；
姑娘本是堂前客，为嫂做事应周详。

荷花开来三伏中，邻里相处要和睦；
孩儿一时小吵闹，各人管教进家门。

每日开门常相见，芝麻小事要留情；
远亲不如近邻好，急难之时见人心。

凤仙花开秋风凉，劝君做事要商量；
五更鸡叫当早起，一日之计要周详。

三春大雨没常有，六月浓霜何处藏；
早起做到日落岭，何愁家中无钱粮。

桂花飘香是中秋，富时不可笑贫人；
贫人岂有贫到底，富人哪有富到根。

过头话语休要讲，免得旁人指脊梁[①]；
千年财主轮流做，富贵贫穷世上轮。

菊花开来重阳节，人到老年靠子孙；
有钱无子不为贵，有子无钱不算贫。

三十无子平平过，四十无子心里慌；
五十无子真无子，六十无子更凄凉。

芙蓉花开是立冬，劝君行善莫行凶；
奸巧计谋来处事，定然不会有善终。

班房总是奸人坐，哪有贤良坐牢中；
若有好人牢中坐，祖宗前辈定行凶。

荔枝花开冬天至，恶人休把善人欺；
人恶人怕天不怕，人善人欺天不欺。

① 指脊梁：喻指受人谴责。

善恶到头终有报，只看来早与来迟；
劝君及早回头想，还不回头等几时。

梅花开来一年终，多少英雄算计穷；
为人若不存公道，恐怕老天也不容。

分内得钱心安定，邪计得钱心不宁；
十二月花都道尽，劝君细想其中情。

正月一跳看坝头，二月二跳看坝河；
三月翻田方对方，四月插田行对行；
五月半干来淹水，六月半干淹水归；
七月七方来放水，八月八方八方利；
九月围园难起意，十月剪禾成大堆；
十一月屋檐结起冰吊吊，十二月青山结起冰堆堆。

8. 十月花

（西岭镇新合村邓华秀讲唱，赵元强搜集）

正月里来正月花，文武百官回县衙；
文武百官都来到，三盘四碗摆莲花。

二月里来二月花，二月小鸟叫喳喳；
一来叫得阳春早，二来叫得树发芽。

三月里来三月花，三月笋子才爆芽；
十八姑娘来扯笋，扯起罗裙兜笋芽。

四月里来四月花，四月姑娘割青麻；
高高矮矮都割去，留出老蔸长二麻。

五月里来五月花，五月龙船水上划；
十八姑娘来划桨，桨桨划出水面花。

六月里来六月花，六月日头火样辣；
上街买把清凉伞，上挡日头下挡花。

七月里来七月花，七月姑娘洗青麻；
双脚踏在青石板，好比观音坐莲花。

八月里来八月花，八月公公摘棉花；
上冲摘到下冲去，摘得头晕眼又花。

九月里来九月花，九月婆婆纺棉纱；
中间纺成泥鳅肚，两头纺成喇叭花。

十月里来十月花，十月姑娘回外家；
右手拿把清凉伞，背上背个小娃娃。

八月蜘蛛渴树梢，想哥想得发了烧；
哪条大路不找过，哪个岔口不等焦。

月亮出来照高墙，照着小哥睡单床；
半夜想起哥的样，泪滴枕上只为双。

白纸张张雪样白，妹是白纸哥是墨；
墨水沾在白纸上，我俩几多舍不得。

三月天气热又热，妹是白纸哥是墨；
墨水沾在白纸上，百年美满不变色。

大风刮来小风吹，风吹杨柳半天飞；
风不吹来柳不动，妹不逗郎郎不追。

高山砍柴刺蓬多，阿妹头上管头多；
有心留哥同玩耍，筛子关门眼睛多。

妹是地上一棵梅，哥是天上小鸟飞；
鸟仔落在梅枝上，石头打鸟鸟不飞。

隔河这边百花开，只得望望不得挨；
好酒不得同杯饮，妹花不得同盆栽。

隔河望见花一蓬，有心采花路不通；
哪天哪时路通了，人老花谢一场空。

隔河望见花三蓬，三蓬花色样样红；
眼睛望花样样好，不知小郎采哪蓬。

9. 十寻妹娘

（西岭镇营盘村段众姣讲唱，莫晓娴搜集）

一寻妹娘出房门，竹把点火夜里行；
一出门来大声喊，只怕妹娘在近邻。

二寻妹娘出庄门，火把一片照黄昏；
只要阿妹听得见，哥愿烧熔一片天。

三寻妹娘到庙门，不见我妹不回行；
庙里菩萨若灵应，愿向阿妹表寸心。

四寻妹娘夜已深，陌路难行火把尽；
哥坐地上告天地，只愿妹娘早回程。

五寻妹娘天色明，哥卷裤脚又前行；
妹娘不知何处去，只有山谷应回声。

六找妹娘去娘家，岳父全家横了眉；
一片棍棒如蛇舞，将我生生打出门。

七寻妹娘到山谷，山谷听见鬼号哭；
冤魂不知妹何处，阿哥唯有仰天呼。

八寻妹娘到河滩，嗓子渐哑步子难；
千排过尽不见妹，天上雨丝落如麻。

九寻妹娘走千里，太阳出了又落西；
夜宿野地与破庙，白天无吃又缺衣。

十寻妹娘已半年，忽见阿妹在面前；
二人相对满眼泪，夫妻从此续前缘。

（三）夜堂歌

1. 坐堂歌

（三江乡黄宝川、谢朝登、赵甲光搜集整理）

（1）起歌堂

邀歌：贵府今日喜联姻，银河桥上渡双星；
今夜主家红喜事，全村姊妹爱宽心。

昨夜鸳鸯居两地，今日鸾凤一齐鸣；
今夜堂中真热闹，贵家主人喜事成。

门前有树鸟来站，门前无树鸟飞高；
有风吹得柳树动，无风捡把扇来摇。

门前有树鸟来站，门前无树鸟飞低；
今夜远方来贵客，主人莫怪贱来啼。

踏进州，灯笼点火两边游；
灯笼点火两边照，照见芙蓉路上游。

步进街，灯笼点火两边排；
灯笼点火两边照，照见贵客到此来。

一进门楼二进街，脚踏楼门金扇开；
脚踏楼门开两扇，一齐望见贵客来。

进了屋来见主笑，主人开意贱开怀；
今夜众堂围围坐，众人开意又开怀。

请歌：一张红纸四方裁，四面八方写书来；
四面八方都来请，邀请贵客放开怀。

劝歌：请贵没完又劝贵，粗言相劝贵家人；
劝动远乡歌师傅，早点登台题四声。

劝贵一言又二语，再把刘三劝一声；
早点开言题四句，众堂老少好安心。

求歌：劝贵没完求贵唱，贱把闲言求一声；
众人都是来贺主，求贵歌言解宽心。

一邀二请歌唱尽，三劝四求话讲明；
贱是歌堂初学起，请贵金口早开声。

一本文书送歌师，二本文书送主人；
文书送到主人手，快请主人引动仙。

三本文书送众友，众堂引动远乡人；
引动远乡歌师傅，早开金口起歌声。

（2）接歌对唱

客：麻雀飞到凤凰窝，两翅摇摇没敢落；
贱无歌本难开口，水浮田螺是空壳。

主：贵有意，开了金口好歌声；
浅浅闲言来邀贵，贱是抛砖来引玉。

客：四海三江八洞仙，九龙起舞上西天；
得见月中众仙女，天上仙女下凡间。

主：难为贵，难为贵人开了声；
今夜主人红喜事，众堂老少好开心。

客：四海三江半边天，九龙路过南海边；
昔日南海遥相见，今朝玉女配麒麟。

主：难为一声又二声，声声难为贵家人；
今夜月光圆又亮，一夜光辉照庭前。

客：银殿山下好家庭，白粉墙上画麒麟；
左画麒麟右画凤，麒麟和凤天配成。

主：今夜主人红喜事，难为贵人舍了心；
千里迢迢来贺主，贵人文章理又深。

客：主人喜事好开怀，道路难走也要来；
出门渡过三江水，一路步行到此来。

主：难为贵人讲得好，石板镶街排对排；
水浅地薄对不起，难为贵人舍得来。

客：走进街，满心欢喜进村来；
到处高楼平地起，还有桃花四处开。

主：歌也好来话也好，难为贵人文理清；
今夜歌堂开始唱，贵有好歌慢慢题。

客：多谢了，多谢刘三接贱人；
从小未曾到过此，快步踏进龙虎厅。

主：难为贵，难为贵人一片心；
今夜贵人礼义重，几时答转贵的情。

客：进门来，金丝椅子两边排；
　　金丝桌子两边放，亲戚朋友好开怀。

（3）邀喝油茶

主：邀起贵，一齐领过主人情；
　　主人操了千般意，齐把歌言停一停。

客：多谢主人千般意，多谢主人一片心；
　　难为歌堂众姊妹，慢慢喝茶听歌声。

主：邀了一声又二声，声声邀起贵家人；
　　主人操了千般意，邀起贵人领过情。

客：要说邀起齐邀起，贱把闲言也邀声；
　　一来邀起歌堂伴，二来邀起众堂人。

主：邀起众堂邀起贵，吃了油茶慢起声；
　　吃茶就把歌声断，茶碗落台再起声。

（4）喝茶过后续唱

主：吃了茶来碗落台，又把文章念转来；
　　歌堂回转歌堂坐，一齐谈唱解宽怀。

客：收起茶碗放进厅，难为主人费了心；
　　八个银杯来收起，难为歌师邀贱人。

主：难为主人操了意，难为主人尽了心；
八个金杯收拢了，难为贵人领了情。

客：吃了油茶多谢主，贱人多谢主家人；
多谢主家情意重，谷雨细茶待贱人。

主：茶是青山木叶芽，盐是东方海里沙；
请贵多喝两三碗，润润喉咙好唱歌。

客：多谢主，一片茶叶一片心；
一来多谢煮茶姐，二来多谢送茶人。

主：莫这讲，都是同乡姊妹人；
贵是过山又过水，来到寒村夜未眠。

客：没要紧，五湖四海乱穿行；
来到贵村会亲友，处处有人来关心。

（5）邀吃宵夜

主：几句粗言话讲清，今夜主人又操心；
主人办好中宵夜，齐到台中领过情。

客：主人实在礼信宽，吃了一餐又二餐；
吃了晚餐没几久，又办宵夜好麻烦。

主：再邀起，贱把闲歌邀贵人；
　　齐到台中领个意，圆圆桌中领主情。

客：难为刘三这有意，邀了一番又二轮；
　　劳碌主家没过意，劳碌众人没过心。

（6）收歌堂

客：十片菜叶九片青，贱把歌言邀一声；
　　贱把歌言邀一句，一齐恭贺主家人。

主：门对青山千古秀，户朝绿水万年兴；
　　恭贺主人时运转，左进金来右进银。

客：恭贺主，恭贺主家进金银；
　　有男有女家庭旺，老少平安万事兴。

主：真是真，贵人实在是聪明；
　　贱是才疏不会贺，贵是博学再贺声。

客：再来贺，再来恭贺主家人；
　　前后来龙去脉好，左边狮子右麒麟。

主：贺得有理贺得清，贵花为何丈聪明；
　　左边贺起摇钱树，右边贺起聚宝盆。

客：难比贵人贺得好，贱是闲言辞一声；
辞了歌堂收拢了，歌堂收起贱回程。

主：留转贵，歌堂留转贵家人；
一来留转歌堂伴，二来留转贵歌声。

客：莫唱了，贵的龙恩贱领齐；
等到几时得相会，与贵相逢再来题。

主：龙川竹影几千秋，云锁高峰水自流；
万里长江飘玉带，一轮明月滚金球。

客：柑子栾栾滚过州，贵起歌堂一齐收；
今夜歌堂圆满了，恭喜主家福禄寿。

主：恭喜主家发大财，年年都有喜事来；
今夜歌堂圆满了，众堂老少好开怀。

（以上《坐堂歌》流传于恭城瑶族自治县三江乡及其周边的富川、钟山、江永瑶族地区，由黄宝川、谢朝登、赵甲光搜集整理。）

2. 正月夜歌

（三江乡黄春涛提供，莫纪德收集）

正月里来正月春，正月拜年好走亲[①]；
今夜寒村来贵客，寒单子弟好开心。

正月里来正月新，正月阳鸟好催春；
阳鸟催春贵客到，寒苗连夜跑来寻。

今夜寒村贵客来，寒村子弟喜开怀；
唱歌来到主门口，相请主人把门开。

谢过主人把门开，双脚踏进主门来；
八仙桌子堂中摆，金丝椅子排对排。

金丝椅子排对排，谢过主人坐下来；
正月新春来歌唱，主家一定大发财。

未曾开田先瞄水，瞄过水源长不长；
未曾唱歌先问主，先来问过主家娘。

未曾开田先瞄水，瞄过水源清不清；
未曾唱歌先问主，先来问过主家人。

① 走亲：瑶族春节风俗，指给亲戚朋友拜年。

正月里来是新春，唱歌问了主家人；
今夜主人开了意[1]，主家开意贱开心。

主家开意贱开心，先把歌言安主人；
先把主家安落好，留下鲜花陪贱人。

安落主，安落主人坐东方；
东方甲乙木星旺，子孙贤能百事昌。

安落主，安落主人坐西方；
南方丙午丁属火，金炉香火万年长。

安落主，安落主人坐北方；
北方壬子癸属水，福比长江水样长。

安落主，安落主人坐堂中；
中央戊己本属土，土生白玉驻金龙。

安落主，主人眼困睡龙床；
留下鲜花来陪贱，安排谈唱到大光。

一对鲤鱼金翅青，鲤鱼游在海中心；
贱把鲤鱼来捞起，就将鲤鱼起歌声。

① 开了意：方言，指（户主）同意（举办夜歌堂）。

歌声悠悠唱一排，歌是刘三姐唱来；
歌是刘三姐唱起，唱来世上解宽怀。

上山砍柴惊动土，下海行船惊动龙；
读书惊动孔夫子，唱歌惊动贵芙蓉。

试邀起，竹篙下水试邀排；
今夜歌堂贱初起，邀起贵客唱起来。

再邀起，江边杨柳再摇风；
杨柳摇风风有意，唱歌邀起贵芙蓉。

一张红纸四方裁，铺在桌前写书来；
写起请书将贵请，请贵出歌唱起来。

请贵一声又一声，声声相请贵家人；
请贵金牙开玉口，早开玉口吐龙鳞。

请了没完来劝贵，门前红马劝花妆；
红马一匹鞍一座，马鞍背上画鸳鸯。

劝贵唱，门前红马劝哥骑；
三尺绫罗搭马背，四尺红绸披马衣。

劝了又来求一声，求贵歌言早开声；
堂前老少围围坐，一心想听贵歌声。

相求贵，六月无雨苦求天；
苦求龙天早下雨，苦求丹桂早开言。

催贵唱，江边阳鸟早催春；
莫把歌诗沤在肚，沤坏歌诗好可惜。

今夜歌堂初起声，起得不好望容情；
不看鱼情看水面，不看寒月看主人。

（接歌）
没敢唱，来到贵村没敢提；
贵村老少人懂礼，寒苗粗蠢又无知。

难为贵，难为贵人开了声；
堂前老少都欢喜，人人爱听贵歌声。

出门脚踩白藤路，脚踩白藤刺又缠；
今日遇到歌师傅，唱歌又怕老人谈。

出门脚踩金街路，脚踩金街步步高；
难为歌师开了口，寒村个个几逍遥。

麻雀飞到凤凰窝，两翅摇摇不敢落；
出门听见凤凰唱，哪敢开言接贵歌。

金鸡飞到贱寒林，大胆开言接几声；
晓得贵是歌师傅，高楼打鼓远传名。

贱是初来初进街，金砖瓦屋排对排；
几个门楼几把锁，手上无匙难进来。

今早喜鹊临门叫，今晚远村贵客来；
贱村茅屋本无锁，开门请贵进堂来。

难为了，难为贵人把门开；
手推金门开两扇，双脚踏进府堂来。

茅堂喜有凤凰来，今夜歌堂喜开怀；
来到堂中请贵坐，众人听贵把歌排。

初毛鸭崽初出行，初初开言接贵声；
粗麻接起金丝线，寒苗接起贵歌声。

难为贵，难为贵人接起声；
金丝接起蓝丝带，一齐谈唱解宽心。

山歌好唱难起头，起屋难起绣花楼；
烧瓦难烧琉璃瓦，生铁难打钓鱼钩。

风从花里过来香，贵人出口就成章；
今夜遇着刘三姐，遇着三姐贱心慌。

石板栽花根子浅，藕塘栽莲根子深；
贵是秀才读书饱，寒单难比贵家人。

唱歌才子真才子，读书才子假才郎；
读书还要先生讲，唱歌随口就成章。

贱是傻人没会唱，还靠贵人放耐心；
贱是椽皮贵是瓦，全椽还靠瓦遮身。

莫那讲，唱歌本是来宽心；
贱是鲤鱼贵是水，鲤鱼还靠水藏身。

墙上画花不结籽，壁中画鸟不飞天；
贱没读书少认字，闲歌哪比贵歌言？

邀起贵，吃茶邀起贵家人；
今夜主人舍了意，一齐来领主人情。

难为贵，难为歌师邀贵人；
今夜主人礼心好，齐邀众堂领主情。

齐邀起，吃茶邀起众堂人；
手端茶碗歌声断，茶碗落台再起声。

吃了油茶碗落台，邀转贵人唱起来；
茶碗落台歌声起，一齐唱起解宽怀。

吃了油茶碗落台，金丝马尾扫金台；
金碗金杯收起了，又把歌声接起来。

吃了油茶谢主人，感谢主家情意深；
一来又谢煮茶姐，二来又谢送茶人。

不过意，煮碗粗茶待贵人；
油茶本是木叶水，难为贵人来领情。

谷雨茶，三两黄金买一抓；
打出好比龙汤样，待客情深难报答。

今夜主人情意好，吃了油茶吃夜宵；
八仙桌子堂中摆，寒才来把贵人邀。

吃了一餐又一餐，主人情意重如山；
只因寒单到贵处，不过意来又吵烦。

好难合意贵才来，招待不周莫记怀；
锅中有饭自己舀，壶中有酒自己筛。

礼义深，寒苗领了主人情；
好酒好肉来招待，回家传颂贵村名。

贵人实在好聪明，好歌首首数不清；
十二闲歌唱不尽，邀歌条条理路行。

聪明还是贵聪明，条条理路贵熟行；
贵是歌师传名远，讲贵开怀讲古人。

贵是歌师才是真，胸有诗书万卷经；
古人还靠贵人讲，舍个龙恩陪贵人。

听贵歌言情意深，贱把古人学讲声；
捡到人家拿来讲，讲笑切莫取笑人。

和气生财是古训，哪有歌言取笑人？
贵有古人尽管讲，脚步摇摇跟贵行。

别的古人不会讲，就来讲本怀胎经；
世间唯有娘辛苦，好教世人孝母亲。

贵人若讲怀胎经，众堂老少喜欢听；
十月怀胎娘辛苦，儿女必须有孝心。

一月怀胎在娘身，无踪无影又无形；
心像秤砣来吊起，不好对人讲出声。

一月怀胎像浮萍，不好对人讲出声；
贵人讲得真是好，再把二月讲贱听。

二月怀胎实在难，全身无力腰又酸；
整天似病又非病，吃点东西又吐完。

恭贺主，齐家恭贺主家人；
门口有蔸摇钱树，早落金子夜落银。

恭贺一声又一声，声声恭贺主家人；
左边青龙盘玉柱，右边白虎保安宁。

前面来龙十二座，后面来龙十二双；
恭贺主人福运好，子孙后代状元郎。

金牙玉口贺得真，贺一声来又一声；
代表主人来谢贵，主人领了贵的情。

人王脚下瓜两蔸，王子腰中挂彩球；
三点黄金二十两，当字为头土一丘。（金玉满堂）

贺得好，福如东海贺得真；
富贵门庭代传代，儿孙代代坐朝廷。

莫唱了，五更鸡叫要天明；
今夜歌堂吵闹了，邀贵收歌转回程。

世间无水不朝东，人生何处不相逢；
今年阳鸟催春早，贱是回家不得容。

不要紧来不要忙，家中忙了有人帮；
出门莫管家闲事，多住夜把又何妨？

峨眉山上鸟飞移，女子抬头月落西；
口中有口难开口，丢了一撇以后提。（我要回去）

卯山脚下一丘田，车专二字两相连；
中一目下八仙到，脚步飘飘向两边。（留转贵人）

留不住，急水滩头难留船；
风吹云雾山头过，下回相遇再开言。

可惜了，贵人要走贱难留；
这回歌堂先收拢，下回相见再开头。

收拢了，唱了一声又一声；
歌书交转刘三姐，歌声收上九霄云。

柑子栾栾滚过江，一齐收拢转回乡；
这转歌堂收拢了，莫留半句在歌堂。

柑子栾栾滚过街，今夜歌堂收拢来；
唱了这支不唱了，恭贺主家发大财。

3. 夜堂歌

（莲花镇凤岩村邓秋凤讲唱，莫模林收集整理）

夜更深，灯笼点火路中行。
明灯高照花街路，贱人来望桂花青。

夜更深，灯笼点火路中行。
明灯高照花街路，贱人来望桂花开。

一路唱歌一路来，来到金厅门不开。
门闩在里人在外，惊动主人把门开。

手拍金门两扇开，贱是寒苗踏进来。
八仙桌子今天摆，金丝椅子两边排。

手拍金门两扇开，贱是寒苗踏进天。
主人奉坐贱就坐，主人奉烟就跛（烧）烟。

粗脚踏进金厅内，金厅里内亮晶晶。
两边摆下金丝椅，一齐坐下起歌声。

自从盘古开天地，先置黄河后置江。
先置黄河七渡水，伏羲兄妹造人伦。

自从盘古开天地，先置黄河后制桥。
先置黄河七渡水，后置九州百姓人。

自从盘古开天地，三皇五帝置乾坤。
歌是刘三姐置起，置来世上解宽心。

盘古开天又开地，三皇五帝置乾坤。
刘三姐妹置歌本，置来世上解忧心。

脚踏门楼先问主，问主为情不为情。
主是为情歌堂坐，主不为情贱转回。

一对龙船撑下海，龙船下海转鳞鳞。
红旗插在龙船内，风吹花草满园春。

一对龙船撑下海，龙船下海转晕晕。
红旗插在龙船内，风吹花草满园香。

门前有树鸟来站，门前无树鸟飞高。
寒村来了人贵客，主人莫怪贱来吵。

门前有树鸟来站，门前无树鸟飞低。
寒村来了人贵客，主人莫怪贱来啼。

安落主，安落主人床上息。
龙凤金铺留主睡，留下远乡陪贱人。

安落主，安落主人床上眠。
金枕开铺留主睡，留下远乡陪贱人。

上山砍竹惊动土，下海捞鱼惊动仙。
读书惊动笔墨纸，唱歌惊动花芙蓉。

试邀起，江边杨柳试邀风。
杨柳邀风吹树过，寒苗邀起远乡人。

试邀起，江边杨柳试邀青。
杨柳邀风吹树过，寒苗邀起远芙蓉。

上街去买红丝线，下街遇着卖针人。
针也有来线也有，这朵芙蓉绣得成。

一张红纸四方裁，四方八面写书来。
四方八面书来请，请贵文章摆上台。

一张红纸四方称，四方八面写书行。
四方八面书来请，请贵文章摆上厅。

苦求贵，广东历本苦求仙。
苦求龙天落细雨，苦求贵人早开言。

苦求贵，六月无雨苦求天。
苦求龙天落细雨，苦求贵人早开声。

劝贵唱，川前白马劝花妆。
三丈红绸搭马背，四丈绫罗搭马鞍。

劝贵唱，川前白马劝花骑。
白马一匹花一朵，马鞍背上画麒麟。

催贵唱，南海观音吹瑞凉。
观音吹凉京城转，催贵刘三闹热乡。

催贵唱，南海观音吹瑞城。
观音吹城京城坐，催贵刘三闹热厅。

要舍意，路边佛子[①]舍花青。
路边胡子舍花朵，舍贵刘三陪贱人。

要舍意，路边胡子舍花开。
路边胡子舍花朵，舍贵歌言宽贱心。

惊动主，惊动主人引起花。
引起仙花歌堂坐，一齐谈唱过时光。

惊动主，惊动主人引起仙。
引起仙花歌堂坐，一齐谈唱过时辰。

① 佛子：俗称，指竖于村头路旁的石塑佛像，又称佛子大哥。

相请贵，睡在高床请起身。
请起远乡歌堂坐，一齐坐下解宽心。

相请贵，睡在高床请起来。
请起仙花歌堂坐，一齐坐下解宽怀。

桂花青，睡在高床舍起身。
睡在高床要舍起，舍开金口吐龙吟。

桂花开，睡在高床要起来。
舍了高床歌堂坐，早把文章摆上台。

难为贵，一盆清水领了情。
一盆清水都领了，贱人思想喜开心。

江边杨柳柳叶黄，贱奉粗烟与贵尝。
靠贵莫嫌粗烟淡，淡淡粗烟得久长。

江边杨柳柳叶青，贱奉粗烟与贵人。
靠贵莫嫌粗烟淡，淡淡粗烟要领情。

难为贵，一口粗烟领了情。
一口粗烟领了意，贱人思想几开心。

早舍意，坐在歌堂早舍心。
早舍文章啼四句，众堂老少听圆音。

早舍意，坐在歌堂早舍啼。
舍贵文章啼四句，一齐谈唱解宽心。

门前石阶亮清清，坐在歌堂早舍心。
坐在歌堂早舍唱，文章早中望头名。

脚踏龙门望金子，脚踏方步望京城。
贵有好歌搭早唱，早把文章摆上厅。

脚踏龙门望金子，脚踏方步过金街。
贵有好歌搭早唱，早把文章摆上台。

为何意，为何哪样不开心。
还是嫌贱人傻蠢，还是嫌贱不为人。

新年新岁是新春，总要仙花接贱声。
不看僧面看佛面，要看主人操了心。

新年新岁是新春，只为行亲到贱村。
贱是今年头一彩，望贵开言接一声。

新年新岁是新春，总要贵人接贱声。
不看鱼情看水面，不看寒门看主人。

石榴开花叶子青，贱把寒言邀一声。
今夜好歌唱不了，邀起贵人贺主人。

拿伞出门伞叶开，贱脚踏进贵门来。
今日主人礼义重，时时饭菜不离台。

贵烟香，贵烟种在紫金山。
种在紫金八角岭，十二忧愁都解开。

贵烟甜，贵烟好比八角莲。
接到贵烟没舍吸，留出回家买垌田。

恭贺主，齐家恭贺主家人。
恭贺主人福分好，门前黄土变黄金。

恭贺主，再来恭贺主家人。
门对青山千古秀，户朝绿水万年兴。

恭贺贵，寒苗恭贺贵村人。
恭贺贵村人老少，众村老少长安宁。

恭贺贵，寒家来贺贵村郎。
四季发财走运好，五谷丰登粮满仓。

安转主，一齐安转主家人。
安转金鸡莫乱叫，等到五更才慢啼。

安转主，一齐安转主家人。
安转龙神和土地，上管人丁下管财。

辞别了，寒家辞别贵家人。
贵是有心到贱处，粗茶淡饭待贵人。

留没转，水下滩头留没回。
骑马过街送马转，撑船过渡送船回。

留没转，水下滩头留没回。
急水下滩留没转，下水滩头留水推。

蝴蝶飞过凤凰岭，两翅摇摇不敢停。
贱娘生贱目蒙子，不敢开言接贵声。

寒鸟飞进凤凰坡，两翅摇摇不敢落。
贱娘生贱目蒙子，不敢开言接贵歌。

试来试，船游东海试来行。
贱娘生贱寒苗子，试来接起贵歌声。

试来试，船游东海试开帆。
贱娘生贱不懂理，试来接起贵歌堂。

风在半天接云雾，贱在厅堂接歌声。
寒鸡接起金鸡本，接贵歌源心里惊。

风在半天接云雾，贱在厅堂接歌声。
闻听刘三邀贱久，贱是寒苗领过情。

接起唱，手拿芦笛接起音。
芦笛接起声接起，贱人接起贵歌声。

接起唱，手拿弹琴接起弹。
弹琴接起声接起，贱人接起贵歌堂。

左手接音进东海，右脚踏进府中台。
移脚踏进逍遥县，遇着刘三歌本来。

左手接音进东海，右脚踏进府中厅。
移脚踏进逍遥县，遇着刘三歌本经。

出门脚踩金街上，脚踩金街步步微。
移脚踏进歌堂内，踏进歌堂心里愁。

出门脚踩金街上，脚踩金街步步轻。
移脚踏进歌堂内，踏进歌堂心里惊。

出门脚踩轻脚步，脚步流落到贵乡。
贵乡种起石榴树，花高墙矮现出阳。

出门脚踩稀脚步，脚步流落到贵村。
贵村种起牡丹树，花高墙矮现出名。

劳碌主，寒家劳碌主家人。
劳碌主人床上睡，留下仙花陪贱人。

劳碌主，寒家劳碌主家人。
劳碌主人床上睡，劳碌主人夜不眠。

劳碌一声又一声，声声劳碌主家人。
劳碌众堂人老少，吵闹众堂夜不安。

劳碌一声又一声，劳碌三方四路人。
三方四路人老少，吵闹众堂理不清。

劳碌一声又二声，声声劳碌唱歌人。
劳更过夜来陪贱，几时赔转贵人情。

贱是流落到贵来，金子镶成龙凤街。
前面宝塔高过岭，八角凉亭坐秀才。

贱是流落到贵庭，金子镶成龙凤城。
前面桅杆高过岭，后面金鸡高过人。

来到贵村贵府内，琉璃瓦屋亮堂堂。
前面来龙十二对，后面来龙十二双。

来到贵村贵府内，琉璃瓦屋亮晶晶。
前面雕起金狮子，两边建起种花厅。

琉璃瓦屋亮堂堂，八仙桌子摆中央。
两边摆起金丝椅，香炉水碗配观音。

独马进京好孤单，京城里内有文章。
文章写在高台上，寒家思想好为难。

一马进京百马应，来到贵村靠贵啼。
来到贵村靠贵主，人投贵主鸟投林。

燕子飞高头带蓝，来到贵村靠贵乡。
来到贵村靠贵主，人投贵主鸟投山。

木叶扇风苗扇水，三月青草扇风凉。
寒单不带聪明份，禀报刘三莫会烦。

木叶扇风苗扇水，三月青草扇风停。
寒单不带聪明份，禀报刘三莫会心。

刘三姐妹真会唱，句句唱来礼义深。
贱是目蒙不懂理，靠贵刘三放耐心。

急水滩头架水碓，下水滩头由水推。
贵是聪明带路走，贱是目蒙跟贵行。

江边杨柳柳叶青，贵是聪明带路行。
贵是聪明带路走，回家传好又传名。

石榴开花叶子青，贵是聪明带路行。
贵是聪明带路走，贱是目蒙浪一回。

官家小姐官家人，贵娘生贵好聪明。
贵是聪明带路走，贱是目蒙放宽心。

天上星多难比月，海里鱼多难比龙。
贱是目蒙难比贵，铜锣难比半边钟。

砖靠砖来墙靠墙，东靠日头西靠山。
贱是目蒙全靠贵，全靠贵人带路行。

砖靠砖来墙靠墙，鲤鱼下海靠龙王。
贱是无歌全靠贵，靠贵带条里路行。

水流东海金龙县，从小没曾出过乡。
船到滩头靠贵渡，靠贵渡贱过深塘。

弟是运去金成铁，贵是时来铁成金。
贵是高家出贵女，弟是家寒出贱人。

踏进厅，一盏明灯照府城。
来到仙村抽情久，礼义文言座上请。

踏进厅，一盏明灯照贵厅。
来到贵村礼义重，条条理路上京城。

踏进街，一盏高灯照下来。
一盏高灯厅堂挂，照见寒单到贵来。

踏进街，灯笼点火两边排。
灯笼点火排排照，初踏官厅到贵来。

踏进州，灯笼点火两边游。
灯笼点火团围照，贱是目蒙初进州。

踏进一州又二州，灯笼点火两边游。
寒单踏进官厅里，龙鳞府上礼义深。

八卦明灯照龙凤，好比龙鳞案上情。
目蒙不经文言事，亏了天堂抽空心。

难为云开天晴照，开云现影好朝阳。
小贱不经文言事，肚里目蒙心里惊。

蒙林飞落当阳海，飞落当阳京上城。
拜上明月来照贱，龙殿案上几多情。

难为青天多有意，四国天堂抽尽心。
贱脚踏上马鞍背，马鞍背上怕难行。

门前起朵蓝云雾，云雾拦江怕难行。
爷娘生贱目蒙子，听闻弹琴心里惊。

寒苗飘落来到贵，惊动府中老少人。
小贱踏州初进县，仔鸟听闻心里惊。

听闻京城官唱戏，脚踏戏台府县城。
贱是目蒙来到贵，踏上青天怕会人。

听闻京城官唱戏，脚踏戏台心里惊。
出手思想抛落掉，又怕鱼多网不行。

手拿钓竿滩头过，心怕塘深水浪高。
心想撑排水面过，水深不敢下竹篙。

可惜寒林目蒙贱，靠贵有心照贱人。
游游飘落东京府，玉女天堂多挂心。

飘落东京无靠处，靠贵有名照寒单。
七星照天光油亮，北斗游游深海凉。

贱是目蒙无根草，石上无泥靠水深。
七星照天光油亮，贱是目蒙心里惊。

初行飘落东京府，国里凤凰操尽心。
一龙难等三江口，太阳久照心里惊。

贱是目蒙到贵行，燕子衔泥初进州。
久闻东京有名凤，今夜遇逢心里惊。

贱是初行来到贵，试问皇帝六州城。
脚踏六州望六步，脚踏六步望京城。

贱是目蒙真落难，靠贵天仙照贱人。
黄龙现影六山案，得见黄龙现影林。

舟子进行今明月，不知里路哪条踪。
脚踏龙门望金子，脚踏方步望京城。

枫木树上出红苗，旱塘无水起龙鳞。
贱娘生弟目蒙子，没会唱歌陪贵人。

遇着了，织网遇着卖线人。
今日遇着刘三姐，十二忧愁都解轻。

遇着刘三歌要唱，遇着鲁班斧要磨。
刘三起唱歌越好，回炉越炼越出钢。

高官伶俐真伶俐，好比淘沙洗见金。
唱没好来陪得好，唱没精来陪得真。

石榴开花叶又青，说尽东流海样深。
贵是言说都有理，可惜寒家陪没真。

石榴开花叶又青，说尽千言海样深。
说尽千言都有理，好比朝中台上人。

高官真是高官人，言语说来礼义深。
十年寒窗无人问，一举成名天下知。

石榴开花叶又青，贵是高官豪富人。
讲尽千般都有理，说尽千般都有名。

说得有理当得真，理路条条海样清。
说尽千言万般语，可惜寒家没海深。

说得有理真有理，言语说来都有名。
言语将来说得好，贵是聪明容谅人。

贵娘生贵好聪明，理路条条海样深。
贵人好比刘三姐，好比刘三响亮人。

紫竹开花细林林，仙花开得好聪明。
贵是聪明又响亮，四海茫茫都有名。

江边杨柳柳叶青，贵是高官容谅人。
聪明盖过十三省，伶俐盖过世间人。

伶俐哪有贵伶俐，聪明哪有贵聪明。
当时若不登高望，谁信东流海样深。

唱得没好陪得好，唱没真来陪得真。
世上祖德如山重，观音神恩四海深。

官家小姐富家人，唱没好来陪得真。
贵是高官说得好，桃花配起李花开。

官家小姐真小姐，罗眼秀才真秀才。
贵是歌言说得好，贱是目蒙陪不真。

官家小姐富家人，言语说来海样深。
贵是聪明通四海，闻听歌言海样深。

贵是高家富贵女，好比朝中府内人。
来到贵村贵有意，半夜三更连夜行。

抽了意[①]，理路条条陪贱人。
妹是贵人抽了意，半夜三更连夜行。

礼义重，来到贵村礼义深。
来到仙城礼义重，理路条条海样深。

江边杨柳柳叶青，贱把寒言邀一声。
寒苗邀起歌师傅，歌堂到此就收声。

五更来，五更金鸡叫排排。
五更金鸡来报晓，齐家收拢转家还。

五更金鸡叫连连，齐家收起转回城。
日出东山千里亮，龙归大海鸟归林。

① 抽了意：屈解好意。

五更来，五更金鸡叫排排。
五更金鸡排排叫，各归原位好安排。

收拢了，收拢歌堂把拢收。
几时遇着刘三姐，遇着刘三这才唱。

收拢了，收拢歌堂把声收。
几时遇着刘三姐，将钱买纸又来抄。

风过山头水过洲，贵起歌堂贱来收。
刘三转起刘三殿，龙王归转海中游。

风过山头水过洲，贵起歌堂收一番。
刘三归转刘三殿，五海龙王归九江。

风过山头水过洲，贵起歌堂贱来收。
唱了这声莫唱了，船自开来水自流。

（歌唱古人刘文龙）
楼面点灯楼底光，高台写字配文章。
字配文章配不起，陪贵歌源陪没明。

楼面点灯楼底阴，当天写字雨来淋。
字配文章配不起，寒家思想没为人。

楼面点灯楼底阴，高台写字雨来淋。
写字不明墨水淡，陪歌不起不为人。

歌是悠悠唱一声，歌是刘三姐造成。
歌是刘三姐造起，唱来世上解宽心。

歌是悠悠唱一排，歌是刘三姐造来。
歌是刘三姐造起，唱来世上解宽怀。

十皮芥菜九皮青，贱把寒言邀一声。
贱把寒言相与贵，请贵引条理路行。

贵唱深来贱唱浅，浅浅寒言与贵行。
从前有个刘文龙，聪明盖过世间人。

要问文龙是哪县，先得两头话分明。
广东有个德保县，县里有个叫刘村。

刘村有个刘公子，家里不富也不贫。
刘公妻子叫马姐，夫妻恩爱很和睦。

马姐身中无生养，上庙烧香去求神。
宝殿神灵都求尽，七朝七夜谢神灵。

果然神灵有灵意，夜间托梦给马姐。
梦见红丝伏在手，一见高明双现龙。

马姐床头得了孕，果然怀孕在身中。
得生一子果然好，金盆装水洗郎身。

三朝之日取名字，名字文龙刘姓人。
八字先生来算命，先生算命不思情。

不知儿子这样好，生来名字玉成明。
五岁进学都进步，比上一班读书人。

七八九岁在学堂，上古文章都读清。
九经里内都通过，四书五经在心中。

得知朝中要开考，天下才子考状元。
爷娘一听心欢喜，赶忙为儿先成亲。

夫妻二人一夜谈，要请张家媒婆人。
西河看过肖家女，岁数排来十五年。

肖家女子才貌好，知书达理样样精。
刘公听着心欢喜，又请先生来合命。

两命生来合相过，前世修来这世缘。
去请媒婆张家姐，花红礼酒谢媒人。

迎亲队伍到肖府，金银财宝全备齐。
鼓吹一路真热闹，迎得美人欢喜回。

神台佛殿烧了香，夫妻朝拜谢天恩。
三朝要行去赶考，一二三日就起程。

夫妻恩爱难分离，你诉我说话分明。
莫嫌贱妻生得丑，莫嫌贱妻无妆身。

文龙便对妻情话，且听丈夫一段言。
一不嫌妻生得丑，二不嫌妻无妆身。

细报床头爱妻听，要行朝中去报名。
家中爷娘要孝顺，屋内事事理分明。

天亮要行报名去，难舍难分又难忘。
恩爱夫妻分开去，今日家事再思量。

一把爷娘为左记，爷娘常在妻身边。
二把田塘为右记，妻情细察守院庭。

文龙来把行装捡，放好书箱就起程。
一心想要求名去，上马一步出门厅。

妻是不想分离去，相送丈夫到楼亭。
求得功名就转步，爷娘年老盼在心。

妻子扶夫马鞍上，劝夫步上马鞍行。
妻子马前多嘱咐，出门三年转家门。

妻在家中奉父母，房门莫给乱人行。
如今好比桃李树，春不到来事不生。

妻子送夫口嘱咐，路上保重忙自行。
世上野花夫莫采，明中兵伴莫孤行。

送来送去看不见，脚步移回转家中。
归家自守空房内，朝日相思几多愁。

日月不停常送行，孤中思念过长年。
三十五年到头了，四十五年又踏程。

路上行程去尽了，看见北京府内城。
北京城中来考比，考比挑选有才人。

文龙进京才学高，超过天下有才人。
篇篇文章都做对，榜选秀才第一名。

朝内官员来评选，钦点文龙状元生。
文龙在朝上了任，红黑分明理路清。

一任河南去布政，上任南京审案人。
秉公办案无情面，平民百姓齐欢迎。

石榴开花叶子青，今夜讲古到此停。
这个古人讲完了，下回相会再来提。

石榴开花叶子青，讲个古人不分明。
要是古人讲错了，望贵聪明原谅人。

（谜语歌）

头戴纶巾像孔明，一身都是背红针，
本是高山龙爪刺，先苦后甜是好人。

又圆又扁又四方，圆圆扁扁放银光，
四十八条花里路，条条里路有文章。

半天云雾一根藤，又无枝子又无根，
若是哪人猜得中，低头称你老先生。

四四方方一座洲，中间打鼓闹花球，
文武百官坐假殿，洞房花烛假风流。

四个柱头顶根梁，四个秀才在四方，
又无灶头又无火，只有米桶和水缸。

二人力大顶穿天，十女耕田耕半边，
八王在我头上坐，千田连土土连田。

二人力大不出头，丁字旁边挂绣球，
一人便把绣球耍，柑子树上结石榴。

四撇二点在其中，寸是言说又相逢，
王字头上一顶帽，两脚腾云走西东。

人王肚里一双爪，人王桥上草开花，
丝线穿针十一口，我王头上戴金花。

一朵金花盖金殿，金花落在草山坪，
唱了半年龙凤戏，九冬十月转回城。

住在青山算我高，不吃黄土长青苗，
六月日头晒不死，十二白霜打不焦。

两朵金花一样红，拆开姊妹走西东，
长短宽窄是一样，各人言语不相同。

四个姊妹共一台，刚刚讲到又分开，
丙寅丁卯炉中火，戊辰己巳上楼台。

什么圆圆天上过？什么圆圆大路行？
什么圆圆大街过？什么圆圆遮妹身？

月亮圆圆大上过，马脚圆圆大路行，
月饼圆圆街上买，草帽圆圆遮妹身。

生在青山叶排排，砍回家中水里埋，
丝线流落人身上，骨头丢在万丝台。

生在青山叶球球，砍回家中水面游，
富贵之人难得见，穷苦之人难舍丢。

生在青山叶排排，砍回平地两头埋，
三魂七魄上天去，还有骨头去街游。

生在青山叶沙沙，砍回平地老人家，
上下高低它知道，亲生儿子不如它。

头像老鼠手像龙，尾像单刀壳像虫，
杀死蚂蚁百万个，它在青山做英雄。

石头山上一朵花，石头脚下住千家，
花开人来又人往，花开花落人转家。

四四方方一座城，里头兵马外头人，
日出东山开大仗，日头落山得太平。

盘古开天我来先，又无儿子在身边，
头上又无帽子戴，脚下又无鞋子穿。

一对桅杆竖上天，桅杆脚下一丘田，
田中还有十人住，还有八仙来拜年。

二人走路脚向西，同共一齐脚下泥，
十四那天来请酒，一心请酒为客吃。

言字旁边一个青，土字头上坐两人，
一牛头上三人耍，人木头上草开花。

出了门来脚带勾，五湖四海我为头，
天下良田由我管，武官见我要低头。

一步南山一口田，女子有口不能言，
十人抛往田中过，三人送母到江边。

大哥住在云南省，二哥四海管家门，
三姐四姐月公女，五姐仙女配凡人。

三点河边一丘田，上下共种二十年，
三两三两又三两，三两五钱又五钱。

二十年前门里东，土中来木带白松，
西风带下种小树，千人在上日在中。

（山歌）
见妹生得白丝丝，好比冬瓜剥了皮；
冬瓜剥皮心还在，还不开声到几时。

想吃果子把树栽，想吃鱼仔把网抬；
想吃辣椒挖菜地，想听山歌妹过来。

听妹唱歌心就开，家中无米吃水来；
不信你就到屋看，茶杯还摆在高台。

莫模林到莲花镇凤岩村女歌手邓秋凤家中记录歌词 / 莫纪德 摄

南瓜大大本地卖，胡椒小小过省来；
妹若不是画眉鸟，怎敢同哥上歌台。

一路唱歌一路来，一路买花一路栽；
买花买到妹门口，问妹花园几时开。

哥的山歌唱得乖，好比神仙吹箫来；
观音菩萨都笑了，实难逗得妹心开。

宝刀不磨也会锈，江水不流也会脏；
妹有好歌你不唱，好田不耕也生荒。

（讲唱人：邓秋凤，女，瑶族，莲花镇凤岩村人。）

（莫模林，男，瑶族，1958 年 5 月出生于莲花镇凤岩村。大专学历，1975 年参加工作，历任西岭初中副校长、恭城瑶族自治县委员会宣传部办公室主任、恭城瑶族自治县民族局局长、恭城瑶族自治县教育局党组书记等职。现为恭城瑶族自治县社科联兼职副主席、恭城瑶族研究学会副会长兼秘书长、广西瑶学学会会员。多篇论文被广西和桂林市社科联采用并获奖。）